中国自由贸易试验区协同创新中心

自贸区研究系列

王国军　孙守纪　等编著

# 中国企业"走出去"
# 劳资关系风险防范研究

格 致 出 版 社　上海人民出版社

# 前　言

从"引进来"到"走出去",中国的对外开放进入了一个全新的阶段。如果说中国的改革已经到了深层次的攻坚阶段的话,时至今日,中国的对外开放也进入了深层次的攻坚阶段,需要解决的问题和所面对的风险都是前所未有的。与"引进来"相比,"走出去"面临着更大的风险,而在诸多的风险中,劳资关系风险是非常重要的一种,它在某种程度上已经成为决定中国企业能否成功"走出去"的关键一环。

然而,遗憾的是,从诸多的案例来看,"走出去"的中国企业对劳资关系风险的重视程度却远远不够,中国企业劳资关系风险管理的知识、技术和人才储备远远满足不了实践的需要,一些企业因之而在国际并购中功败垂成,或者在"走出去"之后深陷劳资关系的泥潭。

劳资风险管理是一个涉及风险管理学、社会保障学、社会学、人力资源管理学、保险学、商法、民法、国际法学等多个学科多个领域,横跨理论和实践的系统工程,需要专门的知识和专业人员来操作。

为了满足中国企业"走出去"的实践需要,我们需要在理论上不断探索,在实践上不断总结,并将理论和实践结合起来,一步步构建出一个系统科学的劳资风险管理体系,为更多的中国企业走出国门提供智力支持。

我们目前所做的这个研究,就是针对中国企业"走出去"的现实需要,在构建劳资关系风险管理体系方面,所做的初步尝试。

本书根据风险管理的基本程序和劳资风险管理的重点和难点设计写作框架。首先对中国企业"走出去"的劳资关系风险进行界定;梳理并介绍中国企业"走出去"的劳资关系风险识别的程序与方法;之后给出中国企业"走出去"的劳资关系风险的各种处理方案;然后重点研究中国企业"走出去"过程中的社会保险合作机制;总结分析中国企业"走出去"劳资关系风险的典型案例;探讨国外工会组织和劳资纠纷协商机制；最后分析国际劳工标准与中国企业"走出去"的关系，提示"走出去"时应特别注意的国际劳工标准问题。

本书为对外经济贸易大学协同创新项目（项目号：201504YY005B）的阶段性成果，感谢对外经贸大学协同创新中心和保险学院领导及同事们的支持和鼓励。

本书由对外经济贸易大学保险学院的王国军教授（前言及第 1 章）、于保荣教授（第 2 章、第 3 章）、太月副教授（第 4 章）、王亚柯教授（第 5 章）、娄宇副教授（第 6 章）、章添香博士（第 7 章）、孙守纪副教授（第 8 章）分章撰写。对我们而言，中国企业"走出去"的劳资关系风险管理也是一个新的课题，限于知识、阅历和水平，书中难免有诸多不当之处，不揣冒昧，藉此求教于大方之家，还望各界读者不吝批评指正。

# 目 录

# 第 1 章
## 导 论

## 1.1 从"引进来"到"走出去"

改革开放以来,中国经济总量迅速增加,国内生产总值从改革开放初期的 3 645.22 亿元增至 2014 年底的 648 661.61 亿元,成为世界上第二大经济体,科技实力和人民生活水平都得到了显著提高。

对外开放是中国的一项基本国策,是实现中华民族融入世界民族之林,实现伟大复兴的必经之路,是国家发展进步的活力源泉。中国对外开放的逻辑先是"引进来"。从 1980 年开始在深圳、珠海、汕头和厦门设立四个经济特区,到 1984 年大连、秦皇岛、天津、烟台、青岛、连云港、南通、上海、宁波、温州、福州、广州、湛江、北海 14 个港口城市对外开放,到 1985 年长江三角洲、珠江三角洲和闽南三角区沿海经济开放区的批设,到 1988 年辽东半岛和山东半岛环渤海开放区的连缀成片,再到 20 世纪 90 年代以后沿江的芜湖、九江、岳阳、武汉和重庆等城市及沿边和内陆城市的开放,最终形成了今天这个宽领域、多层次、有重点、点线面结合全方位的对外开放格局。"后发优势"也好,"倒逼机制"也好,"鲶鱼效应"也好,技术、资本、人力和管理资源源源不断的流入,为中国的经济转型和发展提供了强大的动力,以高铁、重工和电商为代表的一大批行业脱颖而出,达到国际先进水平,并初步实现了"中国制造"到"中国创造"的转变。可以说,中国对外开放中"引进来"的部分是非常成功的。

通过"引进来"培养出了中国自己具有核心竞争力的产业和企业之后,"走出去"便成了一个自然而然顺理成章的愿望和过程。广义上,"走出去"是指一个国家或地区在政治、经济、文化、军事、新闻、教育等各领域跨国界的活动,而一般而言,狭义的"走出去"则仅指经济层面的对外投资合作,目前发展比较成熟的形式主要有对外投资、对外承包工程和对外投资合作等方面。

中国的"走出去"战略是在 2001 年正式启动的,经过十多年的持续快速发展,"走出去"战略取得了初步成效。自 2002 年实现了 13 年的连续增长,2002—2014 年的年均增长速度高达 37.5%。截至 2014 年底,中国 1.85 万家境内投资者设立对外直接投资企业近 3 万家,分布在全球 186 个国家和地区。2014 年,中国对外直接投资创下 1 231.2 亿美元历史新高,2014 年的流量是 2002 年的 45.6 倍,而且 2014 年中国对外直接投资与中国吸引外资仅差 53.8 亿美元,双向投资趋向平衡的局面初步形成。

2013 年 9 月和 10 月,中国国家主席习近平在出访中亚和东南亚国家期间,先后提出共建"丝绸之路经济带"和"21 世纪海上丝绸之路"的倡议,得到国际社会高度关注。"一带一路"是解决中国工业产能过剩、提升国家安全及发展区域经济的一个战略构想,也是中国对外开放"走出去"战略的升级版。仅 2015 年 1—11 月,中国对外直接投资达 1 041.3 亿美元,其中中国企业就对一带一路相关的 49 个国家进行了 140.1 亿美元的直接投资,投资主要流向新加坡、哈萨克斯坦、老挝、印度尼西亚、俄罗斯和泰国等。在对外承包工程方面,2015 年 1—11 月,中国企业在"一带一路"相关的 60 个国家新签对外承包工程项目合同 2 998 份,新签合同额 716.3 亿美元,完成营业额 573.3 亿美元。在 2008 年以来的国际金融危机、欧债危机和国际经济长时间低迷的大环境下,中国企业再一次迎来了走出国门的良机。

金融服务贸易的"走出去"是中国企业"走出去"战略升级换代的基础工程,这方面国家已经为企业铺设了一条良好的金融通道。

首先是金砖国家新开发银行的设立。金砖银行的理念是在 2012 年提出的,由金砖国家①构筑的一个共同的金融安全网,其目的是避免作为新兴市场重要组成

---

① 2001 年,美国高盛公司首席经济师吉姆·奥尼尔(Jim O'Neill)首次提出"金砖四国"这一概念,特指新兴市场投资代表。"金砖四国"(BRIC)引用了俄罗斯(Russia)、中国(China)、巴西(Brazil)和印度(India)的英文首字母。由于该词与英语单词的砖(Brick)类似,因此被称为"金砖四国"。2008—2009 年,相关国家举行系列会谈和建立峰会机制,拓展为国际政治实体。2010 年南非(South Africa)加入后,其英文单词变为"BRICS",并改称为"金砖国家"。

部分的金砖国家在下一轮金融危机中免受货币不稳定的影响。金砖银行的启动资金为 1 000 亿美元，于 2015 年 7 月 21 日开业。

接着是亚洲基础设施投资银行（Asian Infrastructure Investment Bank，AIIB，简称亚投行）的建立。2013 年 10 月 2 日，习近平主席提出筹建倡议，2014 年 10 月 24 日，包括中国、印度、新加坡等在内 21 个首批意向创始成员国的财长和授权代表在北京签约，共同决定成立亚洲基础设施投资银行。2015 年 12 月 25 日，亚洲基础设施投资银行正式成立，成为首个由中国倡议设立的全球多边金融机构，亚投行法定资本 1 000 亿美元。作为政府间性质的亚洲区域多边开发机构，亚投行重点支持基础设施建设，成立宗旨在促进亚洲区域的建设互联互通化和经济一体化的进程，并且加强中国及其他亚洲国家和地区的合作，亚洲 34 国，欧洲 18 国，大洋洲 2 国，南美洲 1 国，非洲 2 国，总计 57 国为创始成员国。

金砖银行和亚投行的设立，为中国企业"走出去"提供了强大的金融服务支持，同属金融行业的保险业近年来在"走出去"方面表现非常抢眼。数据显示，截至 2015 年三季度末，以安邦、阳光、平安和中国人寿为代表的保险公司海外投资已经达到 320 亿美元。

两年来，安邦保险集团先后收购了美国华尔道夫酒店、比利时德尔塔·劳埃德银行（Delta Lloyd Bank）、美国信保人寿保险公司（Fidelity & Guaranty Life Insurance Company）、比利时 FIDEA 保险公司、荷兰 VIVAT 保险公司和韩国东洋人寿及东洋资产。

阳光保险斥资 2.3 亿美元收购了位于纽约曼哈顿中心的酒店 Baccarat；中国人寿购买了伦敦金丝雀码头金融区的 10 Upper Bank Street 大楼 70% 的股权、伦敦金融城 99Bishopsgate 甲级办公楼、美国波士顿 Pier4 综合楼开发项目等。中国平安保险集团以 2.6 亿英镑购得英国的劳合社大楼，等等。随着中国保险业的迅速发展和保险公司实力的增强，中国保险海外并购的步伐还将加大。

2014 年，中国对外直接投资涵盖了国民经济的 18 个行业大类，投资流量的占比是：第一产业为 1.3%、第二产业为 25.3%、第三产业为 73.4%。其中租赁和商务服务业、金融业、采矿业、批发和零售业四个行业的投资存量规模超过 1 000 亿美元，累计投资存量达 6 867.5 亿美元，占中国对外直接投资存量总额的 77.8%。

与"引进来"相比，"走出去"面临着更多的风险，也产生了很大损失。环球网

2012 年 2 月 13 日的报道显示,中国企业海外投资亏损近千亿,70%投资不赚钱。①
比如,中投 2007 年投资大摩两年亏 9 亿美元,投资黑石亏 18 亿美元;中铝在澳大
利亚昆士兰奥鲁昆铝土矿资源开发项目失败,项目损失高达 3.4 亿元;中信泰富
2008 年投资澳铁矿石项目并炒外汇巨亏 155 亿港元;中国铝业 2008 年联合美铝
投资力拓遭缩水巨亏 750 亿元;上海汽车集团收购韩国双龙汽车造成 4 多亿元的
亏损;中国铁建投资沙特轻轨项目亏损达人民币 41.48 亿元;中国中铁在波兰 A2
高速公路项目亏损,合同总额 4.47 亿美元;中化集团在海外投资的 3 个油气田项
目,累计亏损 1 526.62 万美元。特别是在国际油价大幅下跌的今天,因为误判国际
原油走势、误判国内经济形势,对新能源和电动车出现冲击油价的效应估计不足,
中石油、中石化和中海油三大油企大举进军海外的项目几乎都面临着巨额亏损,中
海油在加拿大投资几十亿美元的油砂项目几乎血本无归。

　　"交学费"是中国企业尤其是国有企业"走出去"亏损之后的托辞,但这一笔笔
昂贵的学费,对于一个以牺牲环境为代价、几千万人口仍处于贫困线之下、人口迅
速老化而养老积累严重不足的发展中国家而言,实在是太过高昂了。

　　海外投资失利,有国际政治经济环境多变的原因,也有中国企业经验不足的原因,
还有极少数企业管理层内外勾结牺牲国家利益以谋求个人利益的原因,更有国际关系
方面的原因,但所有这些原因都可以通过对海外投资风险的管理而得以缓解甚至消除。

　　防患于未然,科学系统的海外投资风险管理可以通过事先降低风险来防范巨额的
经济损失,其成本和收益比是可观的。但从一些失败的海外投资案例来看,目前中国海
外投资风险的管理水平却是非常低下的,远远不能适应中国企业"走出去"的需要,从各
个角度各个层次提高中国企业海外投资风险管理的水平,是一项迫在眉睫的工作。

## 1.2　中国企业"走出去"中的劳资关系风险

　　在中国企业"走出去"所面临的各项风险中,劳资关系风险是非常重要的一项,

---

① 　具体参见 http://finance.huanqiu.com/roll/2012-02/2432673.html。

值得引起足够的重视并亟需各个层面的研究与讨论。

在中国企业投资的众多国家中,工会的力量一般都非常强大,但中国企业大多对其力量估计不足。随着中国企业"走出去"步伐的加快,中国在境外的企业雇用外方员工的数量大幅增加。2014 年中国的境外企业雇用外方员工 83.3 万人,来自发达国家的雇员 13.5 万人,较 2013 年末又增加 3.3 万人,增长速度为 24.4%,而这一增长速度还将进一步加快。而现代社会的进步和人类文明的演进,以劳动者为代表的人的因素越来越重要,以资本为代表的物的因素固然仍很重要,但其作用却逐渐向人的因素让渡。这些倾向已经是一个基本常识,只是我们的企业管理者还并不习惯而已。

然而,我们很多"走出去"的企业在遇到危机时,习惯性地把危机攻关的主要精力放在政府官员和企业的管理层身上,呈现出过度的友善、谦卑和忍让;另一方面则对工会的力量估计不足,傲慢与偏见并存,甚至蔑视而强硬待之,最终导致资金和名誉上的巨大损失。

中国企业"走出去"之后需要雇用越来越多的外方员工,而在各国的企业兼并重组过程中,被收购的企业一般都会设置一些符合当地法律规定的员工利益保障条款,而这些条款的重要性是需要特别强调的,一旦处理不当,将会非常被动。

实际上,以美国和欧洲国家为代表的发达国家,工会已经成为一支绝对不可忽视的政治、经济和社会力量,尽管有些工会可能会被少数利益集团乃至黑社会所控制,也尽管有些国家的工会在国家社会经济稳定方面有着诸多令人诟病之处,但工会在制衡资本、维护工人利益方面的积极作用是不能被否定的。工会作为现代市场经济社会的一个存在,不论其利弊如何,也不论其影响好坏,都是"走出去"的中国企业所不得不面对的一个基本环境,不能有丝毫的忽视。

劳资关系矛盾与纠纷处理不当引发中国企业海外投资经营失败的案例数不胜数,比如上海汽车并购韩国双龙汽车的案例和首都钢铁集团在南美经营引发工人罢工的案例就极为典型。

双龙汽车公司(SSANG YONG Motor Company)的前身是 1954 年创立的东亚汽车公司,1986 年 10 月东亚汽车被双龙集团收购,韩国双龙通过与德国梅赛德斯—奔驰公司合作,实现了技术升级,成为以制造四轮驱动汽车为主,生产大型客车、特种车、汽车发动机及零配件的著名汽车制造企业,并在柴油发动机技术领域具有国际领先地位。

在上海汽车并购韩国双龙汽车的案例中,上海汽车在得知韩国双龙汽车股东有意出售公司股权的消息之后就开始积极介入,经过竞标和多次谈判,2005年10月28日,上海汽车与双龙股东签订了正式股权转让协议,上海汽车以5亿美元(约41亿元人民币)购得了韩国双龙48.92%的股份,其后再继续追加投资,成为对韩国双龙汽车绝对控股的大股东,股份占到51.33%。

上海汽车多次邀请双龙的管理层和相关的政府官员到中国参观考察,关系处理得相对融洽,虽然工会领袖也在应邀之列,但上海汽车对双龙工会的强硬仍认识不足。当上汽股份入主双龙后,双龙汽车的工会就以技术泄漏为由,发动了一系列罢工活动。从2004年7月开始,双龙工会掀起罢工风潮就几乎没有间断过,从"三步一叩首"的"玉碎罢工",直到2009年4月工会与韩国警方发生暴力冲突,进入破产程序,上海汽车损失惨重,到2010年11月23日,印度的马亨德拉(Mahindra & Mahindra)家族集团在双龙工会的支持下趁势取得了双龙汽车70%的股权,上海汽车投入的42亿元并购资金几乎损失殆尽。

与上海汽车收购韩国双龙的案例相似,1992年收购了濒临倒闭的秘鲁铁矿公司98.4%股权后的首都钢铁集团也陷入劳资关系风险的泥潭。首都钢铁公司斥资1.18亿美元收购秘鲁铁矿公司后第一年,在完全不了解当地相关法律制度的情况下,同秘铁工会就签订了35项之多的员工福利条款协议,比如秘铁职工及其家属全部享有免费医疗、免费教育、免费居住和免费水电等,首钢的慷慨换来的是工会的进一步索取,此后秘铁公司工会多次要求加薪和福利补贴,不满足要求便举行罢工,游行示威、喊口号、砸玻璃、烧汽车,20年来经常上演且每次都以首钢的妥协而告终。①

①　参见丁刚、颜欢:《大洋彼岸的扎根与开拓——首钢在秘鲁坚韧成长23年》,(《人民日报》,2015年10月16日22版)秘铁工会早在20世纪50年代美资进入时就已成立,曾出现过数名全国性工会领袖,有的还参加过议员选举、担任过政府部长。铁矿在美资时期就工潮不断,国营时期,劳工费用占全部生产成本的35%,冗员充斥,该矿濒临破产。首钢并购时和工会签署的《集体协议》,全盘接受了国有化时期的福利待遇,在给予工人较好薪资福利的基础上,规定每年企业与工会将进行协议谈判,商谈工资和福利提升,俗称"工资谈判"。根据秘鲁法律,如果双方不能达成一致,工会有权领导工人罢工,如罢工后双方仍无法解决,最后将由政府实施裁决。

与上海汽车收购韩国双龙不同的是,首钢熬过了最艰难的阶段,掌握了与工会相处之道,并转化为一个成功的案例。

20 多年和当地工会打交道的经历,也为首钢积累了处理工会事务的经验,中方管理层仔细研读了当地所有关于工人权益和工会的法律法规,并配备了能力卓越的法律专家,逐渐在司法程序上寻找到有利地形,占据了优势地位。

在具体实践中,中方管理人员清醒地认识到,员工本土化更是一个行之有效的办法,处理好资本与劳动者之间的关系,需要更多地用当地人解决当地问题。在这个过程中,中国员工从 170 人降到 30 人左右,大量的中高层职员实现了本土化。此外,利用工程外包和劳务外包将一些工作环节承包给当地的其他企业的方式也缓和了中方和工会之间的矛盾,降低了运行成本,有助于进一步理顺劳资关系。

而更关键的是,经过长期的磨合和了解,中方的善意逐渐得到了秘鲁员工的认同,由于中方对当地基础设施和员工福利的大量投入,马科纳这个位于秘鲁西南部的铁矿之城已经从一个小渔村演变成为一个拥有 1.4 万居民的富足、干净、文明的滨海小城。

在马科纳,中小学的校舍大楼是首钢赞助翻建的,漂亮的市政厅和多功能化学物理实验室也是由首钢提供的,首钢秘铁员工住房免费,子女教育从幼儿园到高中教育免费,工人的工资是当地平均的几倍。首钢为当地居民的福利投入累计超过8 000 万美元。

但这些投入也获得了回报,在 2010—2011 年前后铁矿石国际价格高企后首钢秘铁的盈利水平大幅提升,而 1993—2014 年间,首钢秘铁的累计盈利达到 30 多亿美元,铁矿石的一半以上运往中国。

上汽收购双龙和首钢收购秘铁这一正一反两个案例既说明了中国企业"走出去"的过程中劳资风险的复杂性,也说明了只要准备充分,处理得当,劳资关系风险是可以控制的,而且一旦管理好劳资关系风险,其收益也将是巨大的。

## 1.3　中国企业"走出去"中的劳资关系的风险管理及其未来

劳资关系风险是一个永恒的主题,资本雇佣劳动,还是劳动雇佣资本,是资本主义和社会主义两大阵营的基本理论分歧,带有政治底色的劳资关系风险也还是决定社会政治经济文化和国家关系的一个重要参数。

自 20 世纪 80 年代开始,世界各国的人力资源发展就出现了两种典型的发展趋势,即低端人才福利化和高端人才的资本化。低端人才的福利化,使以蓝领工人为代表的数量庞大的低端人才成本高昂;高端人才的市场化,使以技术和管理精英为代表的高端人才薪酬福利高企。为争取更多的福利,低端人才的维权和罢工事件屡屡上演,而高端人才跳槽或者利用内部人控制侵害股东权益的事情不断发生。

这些变化趋势在中国其实也是存在的,只不过还没有欧美发达国家和一些发展中国家那么明显而已。受社会环境所限,跳楼式的自残取代了罢工,而企业应对的办法是逐渐以机器人代替人力;在高端人才方面,企业高管的薪酬向国际看齐,高级雇员福利、员工持股计划、管理层收购,国际上有的都不能少,高层薪酬的增长幅度也远远超出企业绩效和一般雇员的增长幅度,有些企业甚至亏损越严重,管理层的薪酬就越高,高层和普通员工的收入差距在迅速扩大,企业内部矛盾加重,不公平的分配已经影响到效率,以致党和政府连续出台国有企业高管限薪的文件,并导致新的问题层出不穷。

劳资风险关系风险管理因为以上的倾向而变得更为复杂,只不过国外的情况更加难以处理而已,很多"走出去"的中国企业显然还不适应这种变化。据麦肯锡的统计数据,过去 20 多年来中国 67% 的海外收购不成功,在过去的几十年中,全球大型企业并购案例中,达到预期效果的比例不到一半,而不成功的收购往往伴随着劳资纠纷,是劳资风险管理不到位的必然结果。

同时,劳资关系风险管理的范围并不局限于东道国的外籍员工,也包括中国企业的外派人员,到外国工作的中国籍员工,面对着与中国国内大相径庭的法律环境,在一定范围内也受到当地劳动法规的保护,和在国内的雇佣关系有着很大的区别,他们所面对的双重缴费问题、互免协议问题都是劳资关系风险的具体体现,这部分员工的劳资关系风险也需要有效的管理。

与其他领域的风险管理一样,劳资关系风险管理也需要严格的风险管理程序和科学的风险管理手段。

风险管理是通过风险的识别、衡量和控制,以最小的成本将风险导致的各种不利后果减少到最低限度的科学管理方法,是组织、家庭或个人用以降低风险的负面影响的决策过程。从设定风险管理的目标,到识别风险、评估风险、制定风险管理方案、选择风险管理手段、实施风险管理方案,到评估总结修正已经被执行的风险管理方案,严格遵守整套的风险管理程序能够保证风险管理的科学性和有效性。

中国企业"走出去"劳资关系风险管理的重点在于企业并购过程中员工裁减和薪酬福利条款所引致的风险;企业运营过程中薪酬方案、社会保险与员工福利制度引致的风险;以及企业违反人权公约、国际劳工标准和当地劳动法律法规引发的各种法律风险;等等。

经济全球化、一体化的浪潮汹涌,中国作为一个市场、资源和人力都非常丰富的大国,在保证本国人民富裕、自由、文明的基础上,应该在国际上拓展更大的发展空间,一个繁荣发展的中国会有更多的企业"走出去"。中国企业"走出去"的步伐不会停止,而且还会进一步加快。劳资关系风险管理也将作为一个充满热度的焦点话题而更多地被人们关注。

# 第 2 章
# 中国企业"走出去"的劳资关系风险的界定

德国著名社会学家乌尔里希·贝克(1944—2015)在其著作《风险社会:通向一种新的现代化》中指出,"在发达的现代性中,财富的社会生产系统地伴随着风险的社会再生产","在现代化进程中,生产力的指数式增长,使危险和潜在威胁的释放达到了一个我们前所未知的程度","风险社会从这个意义上是世界性的风险社会(乌尔里希·贝克,2004:15—21)。"中国经济的快速发展,使其逐渐进入现代社会发展的高风险阶段,劳资关系成为社会经济结构变迁和风险社会发展中的重要方面(罗宁、李萍,2011:120—128)。

## 2.1 劳资关系的概念

劳资关系简单地说,就是指劳方与资方间的权利和义务关系。因为定义的角度有狭义和广义之分,不同的学者认为劳资关系也是工业关系、产业关系、劳工关系或劳动雇佣关系。

劳资关系是劳方与雇方的权利义务关系。就义务而言,劳方有向雇方提供劳动和遵守相关规章制度的义务,雇方有向劳方支付报酬和相关福利待遇的义务;就权利而言,劳方有向雇方要求报酬和相关福利待遇的权利,雇方有向劳方要求提供劳动和遵守相关规章制度的权利。也就是说,劳方在与雇方的互动关系中,在劳动的提供及报酬的给付上,构成权利与义务关系。

　　用简单的方式描述劳资关系就是劳方与资方的冲突与合作。当企业雇佣劳工,当雇主雇佣劳工工作时,劳资关系就形成了。雇主追求的是效率,侧重经济方面的考虑,而劳工考虑的是公平,倾向于人性方面的需求。劳资关系的范围很广,包含一切劳动条件如工资、工时、休假、请假及安全卫生、福利设施与童工、女工保护等(黄英忠,1994:371)。劳资争议的产生,可以是小至劳工个人权益,如薪酬发放、休假认定、加班时间、契约终止、职业灾害补偿等问题,也可以大至全体劳工,如全企业歇业、全企业减薪、无薪休假、资遣费、大量解雇劳工等事情。

　　传肃良认为,劳资关系是研究事业机构内资方与劳方相互间意见沟通、行为规范的制订与争议的处理,以加强双方之间的合作、增进工作效率,进而使劳资双方均受益。

　　《罗伯士工业关系辞典》认为,工业关系为个别或团体受雇劳工与雇主间的任何关系,涵盖从受雇劳工面试录取到福利、工资、津贴、工时、分红、入股、教育训练等各种劳动条件和有关工会、劳资协商、劳资争议等含退休或离开工作的各个方面,整个受雇工作的历程都是工业关系探讨的领域(Roberts, 1986:293)。

　　Mills(1978)认为,工业关系可以定义为人类和他们的组织在工作场所或者在整个社会中,为建立雇佣条件而相互作用的过程。

　　周长城(1997)提出狭义的劳资关系研究包含工作场所工作规则的制度研究,广义的劳资关系研究包括:对工人和工会的权利和责任研究、对雇主及雇主协会权利和责任研究以及对规范劳资双方关系的公共政策和法律框架研究。

　　劳动关系是就业组织中因为雇用行为而产生的关系,以研究与雇用行为管理有关的问题为内容。其基本特征是在管理方与劳动者个人及团体之间产生的利益关系,表现为既有合作又有冲突,是力量和权利关系的合成,同时受社会经济、法律制度、相关政策、技术发展水平和社会文化等因素的影响(程延园、王甫希,2012)。王大庆等提出劳资关系就是劳动关系,是劳动者个人或劳动者组织(如工会)与雇主或雇主组织以及管理当局在劳动过程中所发生的权利义务关系,包括生活福利、社会保险、劳动条件、劳动保护、劳动任务和报酬、劳动纪律、劳动期限和时间,以及有关的劳动争议及其处理关系。劳资关系的核心是劳动力所有者与劳动力使用者的权利、义务关系(王大庆、焦建国,2003)。

　　虽然学者们从不同视角对劳资关系的范畴及概念进行了界定,但劳资关系概念的实质是一样的。因而,可以认为劳资关系是企业主提供报酬来换取劳动者出让的劳动力的过程中所结成的一种社会经济利益关系。更为具体地,劳资关系指企业管理方(劳动力使用者)与员工(劳动者)个人及其组织在实现劳动过程中结成的社会经济利益关系。因而,劳资关系是整个社会系统中与劳动过程直接相关的社会关系,它体现了劳动者个人以及组织与管理方之间最基本的经济利益关系,而企业的劳动关系问题是由劳资双方的利益侧重点不同而引起的,它受到中国现阶段的经济、政治、文化背景等的影响。

## 2.2 劳资关系的理论研究发展历史

劳资关系作为生产关系的一部分,其发展受生产力发展水平所决定。劳资关系研究的目的是为了保护劳动者权益。了解劳资关系的理论体系及其发展脉络,对于界定和识别其风险有重要的基础意义。纵观历史,劳资关系贯穿了经济学发展历史,同时管理学、社会学等学科都对其进行了研究。了解劳资关系的理论研究发展脉络,有助于从更深层次和更宽的视野上加深对劳资关系的理解。

### 2.2.1 经济学领域研究劳资关系的理论

现代讨论的劳资关系是随着资本主义的社会化大生产的出现而出现的。

1. 亚当·斯密的劳动和社会分工理论

古典经济学理论创始人亚当·斯密在研究劳动分工和社会分工问题时发现:(1)有社会分工,但却不是平等的分工,工人处于劣势地位,付出的艰辛多,得到的利益少;(2)劳资双方在合作基础上存在着利害冲突关系,劳动者希望多得,想为提高工资而与资方结合;资方希望少给,想为减低工资而结合;(3)长远看,市场机制的作用下劳动力供求均衡决定了工资水平,资方需要劳动者的程度会与劳动者需要雇主的程度相同。

2. 大卫·李嘉图的分配理论

斯密之后,社会化大生产快速发展,劳资矛盾逐渐成为社会主要矛盾。该时期,古典经济学完成者大卫·李嘉图以边沁的功利主义为出发点,建立起了以劳动价值论为基础,以分配论为中心的理论体系。他提出决定价值的劳动是社会必要劳动,决定商品价值的不仅有活劳动,还有投在生产资料中的劳动。他认为全部价值由劳动产生,并在三个阶级间分配:工资由工人的必要生活资料的价值决定,利润是工资以上的余额,地租是工资和利润以上的余额。由此,李嘉图说明了工资和利润、利润和地租的对立。

3. 阶级和谐与经济调和理论

在这一历史背景下,19 世纪中叶前后,英国的西尼尔、美国的凯里和法国的巴师夏分别提出了"节欲"论、"阶级利益和谐"论和"经济和谐"论。

英国的纳索·威廉·西尼尔的"节欲论"(abstinence theory)认为,价值的生产有劳动、资本和自然(土地)三种要素,其中劳动者的劳动是对于安乐和自由的牺牲,资本家的资本是对眼前消费的牺牲。产品的价值就是由这两种牺牲生产出来的:劳动牺牲的报酬是工资,资本牺牲的报酬是利润,二者也构成生产的成本。

美国的凯里对当时美国流行李嘉图的维护无产阶级利益的经济学说进行了批判,他认为李嘉图的理论是制造纷争的体系。凯里非常重视价值,他认为只要工人和资本家的价值都增加了,社会就会和谐,资本主义生产方式就会顺利而安全地运行下去。

法国的弗雷德里克·巴师夏是自由贸易思想的热情宣传者,同时也是社会主义思潮的反对者。他赞美资本主义社会是一个和谐社会,认为社会组织是建立在人类本性的普遍规律之上的。社会就是交换,交换是相互提供服务,两种互相交换的服务决定价值。价值,即服务的尺度,就是服务提供者所做的努力的紧张程度和服务接受者所节省的努力的紧张程度。在自由放任下,二者趋于一致。交换以等价为基础,等价交换是公道的交换,这样的社会当然是和谐的。他还认为,随着社会进步,社会总产品中分配给资本的部分会减少,分配给劳动的部分会增加,人们的状况会不断改善,社会会更加和谐。他断言社会一切阶级将会无止境地接近于不断提高的水平,人们的状况会不断地得到改善,并趋向于平等化。他否认资本主义存在剥削、存在阶级对立,认为劳资双方的利害关系是"一致"的、"和谐"的,要求以信任的眼光来对待资本家。

4. 马克思的阶级斗争理论

几乎是在同一时期,卡尔·海因里希·马克思提出,在资本主义的架构下,劳动力已经成为一种消耗性的日用品,传统的商人借由转手买卖赚取商品的差价,而资本家却是靠无偿占有剩余价值的方式来发财致富。而财富在私人手中的积累在资本主义的生产方式下便形成资本。劳动市场总是在扩大,需求总是在增加,资本需要增值,就必须吸取活劳动,而使劳动者始终生活在只能维持自身生命的再生产的水平,是吸取活劳动的前提。其结论是资本家不会关心劳工的待遇。他认为资本主义最大的缺陷在于资本家为了更大化的生产力与利润,势必投资更多的金钱与资源用于科技的研发,而劳工的价值也将因为科技的进步而贬低,劳工势必日用品化,进而是无产阶级劳工成为资本家的人肉机器。他认为这是一种阶段性的演变,资本主义将物极必反,无产阶级必将通过剧烈的阶级斗争取代资产阶级,成为社会经济的主角。

5. 新古典学派和新制度学派理论

随着西方社会经济的发展和劳资关系的变迁,经济学对于劳资关系问题的研究逐步转向从供求关系等方面入手,研究劳动力要素市场的运行,并形成了当代西方经济学在劳资问题上的不同学派。比如,以马歇尔、弗里德曼、吉尔德等为代表的新古典学派,承袭古典学派的市场自发调节、市场至上的观点,认为:市场是决定就业状况及劳资关系的关键因素,工会实质上是劳动力供给垄断组织,只会使劳动力市场力量失衡;政府作为劳资关系中的"守夜人",应维护劳资之间的自由选择。又如,以科斯、诺思、加尔布雷思、威廉姆森等为代表的新制度学派认为:现实中的产品市场并非高度竞争,劳动力市场也有许多缺陷,一些企业占有某种垄断力量;通过劳动法和集体谈判确保所谓公平与效率的和谐发展,是解决劳资关系问题的有效途径。这些学派的研究对于现代劳资关系的维护与协调,有着一定价值的启示与借鉴意义(罗宁、李萍,2011:120—128)。

## 2.2.2 管理学领域研究劳资关系的理论

1. 利润分享计划

科学管理的先驱者查尔斯·巴贝奇认为支付报酬使得劳动者从企业的成功中得到好处,从而使每个人都会随着企业利润的增加而获益,提出通过利润分享来解决劳资冲突。

2. 科学管理理论

19 世纪末 20 世纪初,资本主义从自由竞争走向垄断竞争。"科学管理之父"美国人弗雷德里克·温斯洛·泰勒在其著作《科学管理原理》中阐述了科学管理理论,主要内容包括:工作定额原理;能力与工作相适应原理;标准化原理;差别计件付酬制;计划和执行相分离原理。泰勒的科学管理主要有两大贡献:一是管理要走向科学;二是劳资双方的精神革命。泰勒认为科学管理的根本目的是谋求最高劳动生产率,最高的工作效率是雇主和雇员达到共同富裕的基础,要达到最高的工作效率的重要手段是用科学化的、标准化的管理方法代替经验管理。泰勒认为最佳的管理方法是任务管理法。

3. 行为科学理论和学派

20 世纪 20 年代末到 30 年代初,世界经济陷入了空前的大危机,泰勒、法约尔、韦伯等人的古典管理理论在提高劳动生产率方面虽然取得了显著的成绩,却激起了工人、特别是工会的反抗,使得欧美等国的统治阶级感到单纯用科学管理等传统的管理理论和方法已不能有效地控制工人,不能达到提高生产率和利润的目的,管理学者们不得不注重在微观层面上研究除硬件外造成企业效率下降的影响因素。行为科学理论和学派因此出现。

行为科学学派是在梅奥开创的人际关系学说发展起来、以人的行为及其产生的原因作为研究对象的学派,主要的代表人物及理论有马斯洛的需要层次理论、赫兹伯格的双因素理论、麦格雷戈的"X 理论—Y 理论"。行为科学学派从心理学、社会学角度侧重研究个体需求、行为,团体行为、组织行为和激励、领导方式,认为人不仅仅是"经济人",同时还是"社会人",将人的管理提升到所有管理对象中最重要的地位,开创了管理理论中的人本主义潮流,引发了许多全新的管理观念和方法,进而形成了现代管理理论的各种人本主义学派。许多学者提出通过目标管理、员工参与管理、浮动工资等方式,提高工人的主动性、积极性和创造性,激励其努力工作,为缓和现代市场经济的内部矛盾和冲突,维持生产力发展提供了工具。

4. 康芒斯的政府经济作用理论

美国制度经济学家康芒斯·约翰·罗杰斯,既拒绝传统的调和主义,也反对冲突的激进革命主义,赞成对经济过程持一种冲突而协商的观点。他接受利益互相冲突的现实,并寻找减少和解决利益冲突的现实发展模式。这些模式的核心是一种多元权力结构下的谈判心理。他寻求思想开放和进步的企业、劳工和政府的领导者支持,制订一些办法,通过这些办法,可以找出问题并寻求能为各方接受的解决办法。康芒斯建立的政府理论,认为经济体系发展和运转的关键是政府,政府是采取集体行动和进行变革的首要工具。把政府作为对抗利益集团的调解人和冲突利益集团谈判的场所,强调工会和政府,尤其是司法制度的作用。

5. 20 世纪 80 年代后的理论演进

20 世纪 80 年代以来的劳资关系理论,包括 Bruce Kaufam 对劳资关系两种范式的分析、米歇尔·布洛维的工厂制度理论、约翰·凯利对动员理论的发展、阿兰·弗兰德斯和休·克里格的战后牛津学派理论、阿克斯的新多元理论、Piore 和 Safford 的新的控制制度理论、N.Haworth 和 S.Hughe 的跨国劳资关系制度理论、Giles 的国际政治经济研究方式的理论等。从这些研究中可以看出,劳资关系理论出现了分化。在商学院的学术派别中,用雇佣关系或者管理方—劳工关系等更宽、更具实践性的内容代替传统劳资关系的呼声很高,管理学科在就业和工作场所领域研究的发展,在很大程度上促进了传统劳资关系的理论更新和扩展。20 世纪 90 年代以后,里根和撒切尔夫人执政时期的新自由主义政策结束,这为劳资关系研究带来新的思想来源。这些创新的共同基点是扩大传统劳资关系的研究基础,延续马克思学派的学者强调传统理论在新时代背景下的重新认识,来自管理学院和商学院的学者用社会关系、社会身份团体等取代传统的阶级、阶层的划分。学者们还从不同的角度谈论全球化对劳资关系的影响,并试图以此突破传统的限制在民族国家范围内的劳资关系框架,在资本主义发展的长波中找寻解决劳资冲突的新的模式(罗宁、李萍,2011:120—128)。

## 2.2.3　社会学领域研究劳资关系的理论

20 世纪是社会学大发展的时代,社会学重点关注与社会经济结构相关的社会秩序和进化等理论的新发展,与经济学、管理学一道为劳资关系的研究贡献了自己的思想。

1. 悉尼—韦伯的产业民主理论

产业民主是一种让劳工在工作场所参与决策、权利与责任的管理模式,德文通

常称为 *Mitbestimmung*,意谓共同决定。在德国,工厂的主任监督委员会(负责选出经理)一半由股东组成,一半则由工人组成。产业民主通常指劳工对工作场所的直接管理,与此相对的则是私有或国有模式。也存在代表制的产业民主,包括经理阶层、工会与雇员之间的协调机制。产业民主的支持者认为此机制能增加生产力,并改善工作气氛。其他功能还包括减少纷争、减少压力、减少怠工现象等。

英国工联主义、费边社会主义理论家和改良主义政治活动家悉尼-韦伯与比阿特丽丝·波特·韦伯夫妇于 1894 年出版的《产业民主》(*Industrial Democracy*)一书中最先提出了产业民主思想,其理论被称为"产业民主理论"。该理论的中心主张是,劳工运动既要有政治方向,又要有经济方向。在政治上,他们希望劳工运动把政治范围内的代议制民主原则扩大到产业范围中去;在经济上,他们希望劳工运动的活动将"使工人摆脱竞争",从而使工人摆脱因自由劳动市场和个体工人交涉权利的不足而所处的服从状态。他们还提出可以将产业民主看成民主运动的一环,民主运动分两个阶段:第一个阶段是政治民主,即人民有选举官吏和民意代表的权利;第二个阶段便是往下扎根的民主,即社会民主。社会民主不外乎是分配民主与生产民主:分配民主,即透过福利政策达成社会资源的公平分配;生产民主,即透过产业民主政策使人民能参与工作的管理与经营,此即一般所称的产业民主。

2. 杜尔凯姆的分工论

法国社会学家和人类学家埃米尔·杜尔凯姆,与卡尔·马克思及马克斯·韦伯并列为社会学的三大奠基人。社会秩序是杜尔凯姆一生学术研究的主题。杜尔凯姆认为,传统力量统治的社会靠"机械的团结"来维系。特别是在文明程度较低的社会中,由于分工程度较低,同一团体的成员们采取同样的谋生手段,保持同样的习俗,信奉同一图腾,这种共同性使他们意识到大家同属一个集体,而不会离心。这种团体基本上是从"相似性"中生成的社会,即所谓"同质"的社会。该团体的首要任务是使成员们尊重团体的信仰和各种传统,即维护共同意识,维持一致性。在近代社会中,由于社会分工的发展,人们在意识、信仰上的差异也日益增大。但是社会没有瓦解,这是因为古代维系团体的共同意识逐渐被分工制取代,社会分工使每个人在消费上依赖其他人。分工使社会像有机体一样,每个成员都为社会整体服务,同时又不能脱离整体。分工就像社会的纽带,故谓之"有机团结"。

杜尔凯姆否认社会分工的产生是为了创造更多财富的观点。他强调,一个事物的功能并不是产生出这一事物的原因,原因在功能之前。分工可以提高效率,增加财富,但这要在分工出现后与出现前的对比中才能显示出来。他认为,造成分工制的原因是人口密度过大,一些人被迫改换行业,分工制也就随之出现。

3. 马克斯·韦伯的资本主义精神

德国著名社会学家、政治学家、社会理论家和思想家马克斯·韦伯在其《新教伦理与资本主义精神》(1920)中,将"资本主义的精神"定义为一种拥护追求经济利益的理想。韦伯指出,若是只考虑到个人对于私利的追求,这样的精神并非只限于西方文化,但是这样的个人并不能自行建立一个新的经济秩序(资本主义)。韦伯发现,这些个人必须拥有试图以最小的努力赚取最大的利润的共同倾向,而隐藏在这个倾向背后的观念,便是认为工作是一种罪恶,也是一种应该避免的负担,尤其是当工作超过正常的分量时。"为了达成这样的生活方式而自然吸纳了资本主义的特质,能够以此支配他人,"韦伯如此写道,"这种精神必定是来自某种地方,不会是来自单独的个人,而是来自整个团体的生活方式。"

在定义了资本主义的精神后,韦伯主张有很多原因使我们应该从宗教改革运动的宗教思想里寻找这种精神的根源。许多观察家如孟德斯鸠和济慈都记载下新教和商业精神发展之间的密切关系。韦伯指出某些形式的新教的教义(尤其是卡尔文教派)支持理性的追求经济利益以及世俗的活动,赋予这些行为正面的精神以及道德的含义。这并非是那些宗教思想的最初目标,反而像是其副产品——这些教义和指示所根基的内在逻辑,都直接或非直接地鼓励了对于经济利益的忘我追求和理性计划。一个常见的例子便是新教对于制鞋匠的描绘:一个缩着身子专注于制鞋、将整个人努力贡献给上帝的人。

## 2.2.4 劳资关系理论归纳

纵观几百年间劳资关系的理论研究,与资本主义发展的不同阶段相适应,大致呈现出如下演进轨迹:资本主义发展早期阶段,亚当·斯密客观地看到了劳资既对立又合作的双重关系;在资本主义快速成长时期,李嘉图发现了劳方、资方及土地所有者间三大阶级利益对立的变化态势;而当资产阶级取得统治地位、劳资冲突凸显时,巴斯夏等人提出了劳资两个阶级利益调和及经济和谐的观点;同期,马克思则提出了劳资关系根本对立的观点,也在资本家剥削雇佣工人的本质的基础上指出了劳资双方存在合作的可能性;进入当代,大多数学者沿着劳资阶级利益调和论的路径,强调劳资合作共利,淡化、缓和、化解劳资冲突。历史地看,西方学者对缓和劳资关系的研究结合理性选择、边际分析、博弈分析等工具的运用,已有比较成熟的理论成果,并提出用职工持股、分享利润、参与式管理、民主决策、利益相关者治理、劳资合作与冲突管理等一系列新的规则或改良措施来解决劳资双方矛盾(冯国庆,2010:113—118)。

## 2.3 中国企业海外的劳资关系风险分析

### 2.3.1 中国企业海外劳资关系归纳

中国企业走出去的劳资关系风险,可以归纳为不同的方面。

1. 工资与福利待遇

在一些国家,工人通常每2—3年就要求提高工资,增加福利,资方如不答应就罢工。例如,首钢秘鲁铁矿公司因工薪问题而多次发生集体罢工事件,每次都给企业带来几百万美元的直接经济损失。这样的罢工已经令首钢秘鲁铁矿公司高管们忧心忡忡(钟懿辉、赵鑫全,2009:21—26)。

大连远东集团在并购格林菲尔德的初期,与美国的肯纳集团的谈判异常艰难,劳动力成本的转嫁是谈判最艰苦的地方。欧美当地雇员工资高,福利多,成本费用水平高,而且各国对雇员比例、员工社会福利保障措施的法律制度严格,这些都是走出去的中国企业要认真对待的方面(钟懿辉、赵鑫全,2009:21—26)。

2. 聘任和辞退员工制度

从上汽入主韩国双龙开始,工会、双龙前任高管和上汽之间的劳资纠纷就一直没有停止过。2006年7月,公司提出裁减生产工人和管理层,引起了1个多月的罢工,让双龙的生产线一度陷入瘫痪。除了减产116万辆汽车,损失3亿美元以外,上汽双龙本来有可能在2006年实现盈利,结果却陷入亏损境地。加上2008年金融危机的影响,双龙汽车走向了破产的边缘(钟懿辉、赵鑫全,2009:21—26)。

一家设立在科特迪瓦的中国投资企业在开业当年因对部分当地员工不满意,想辞退他们。这些员工便把企业告上法庭。由于企业不熟悉当地法律,这场官司一直拖了7年才了结,企业最终赔偿了800万西非法郎。①

### 3. 员工的民主和权利意识

中国工会由于其特殊的地位和"维护职工权益"的功能被中国企业看成是用来"促进企业发展"和"保持企业和谐"的。北京某机床厂在并购德国巴伐利亚州科堡的一家名叫瓦尔德里希机床厂时,厂长仍然教育当地的工人"工会代表员工的利益,但是也必须符合工厂的利益",使得工人们都好像看外星人一样望着中国新老板。在那些工人的眼睛里,工会根本就不可能具备这种双重身份。带着这种概念走出去的中国企业,在势力强大的国外工会面前,必然会遭遇一系列的教训。

### 4. 工会等非政府组织

西方国家的工会组织从产生之日起就有非常复杂的背景,企业工会组织历经100多年的演变,已经上升到政府强制性的法律保护层面。在任何一个市场经济国家或是那些我们尚不熟悉的,但市场开放度较高的非洲和南美洲国家,都有严格的劳工权益保障机制。

新兴市场南非的工会组织力量更为强大。中国的一些企业进入南非之初,对当地劳工法律了解不够,对企业雇员要求组织工会持消极态度,致使工人罢工、企业停产的事端不断。在莫桑比克,只要公司雇用当地员工超过50人,工人们就有权组织工会。即使是在世界上最不发达的非洲国家之一莱索托,法律也保护工会组织罢工的权利②。拉美国家的工会组织经常为了提高工资或改善工作条件等问题向资方提出条件,如果得不到满足,就举行罢工。但中国企业还拿国内的一些方式方法对待此类事端,结果酿成罢工、示威,最后是两败俱伤。

计划在印度开办钢铁厂的建龙钢铁集团,在考察后对当地的用工制度就很担忧:"印度工会可以随时组织罢工,这对投资办厂来讲不利。"为此,建龙钢铁集团放弃了在印度的投资计划(钟懿辉、赵鑫全,2009:21—26)。

---

① 《国内纺织服装企业投资海外慎防"水土不服"》,海安县中山合成纤维有限公司网,2009-08-20。

② 参见《中国公司海外见识工人阶级的厉害》,智网,2009年8月21日。

5. 民族差异

由于中国产品和劳务工对当地就业市场形成冲击,加上对外经营企业在劳资关系问题上处理不当等因素,国外针对中国企业以及员工的暴力事件不断涌现,企业财产和员工生命安全受到了严重威胁,特别是在金融危机条件下,这种现象更加突出。据报道,南太平洋岛国巴布亚新几内亚境内的一个中资镍矿项目 2009 年 5 月 8 日发生了大规模暴力事件,当地工人冲击了工厂,并与中国工人发生冲突,至少 5 名中国人在冲突中受伤,其中 3 名伤势严重,工厂设备遭到毁坏。报道还称,该工地此前也出现过当地工人袭击中国工人的冲突事件①。

6. 当地法律制度

大多数西方国家的企业法都包含工会在企业法范围内的权利。这些实际上涉及包括雇员社会福利、人事和经济方面一切事务在内的企业的全部活动。在加拿大,雇主在采取所有人事方面的个别措施时,原则上必须征得企业职工委员会的同意。企业职工委员会可在某些法律规定的前提下拒绝或同意这些措施。如果雇主在这种情况下仍然打算实施被拒绝的措施,他就必须取得劳工法庭对此的判决。李嘉诚之子李泽钜在收购加拿大航空公司一役中败走麦城,就是一桩典型的受阻加航劳工组织的案例。在德国,如果雇主正式解雇一名雇员而企业职工委员会由于法定原因表示反对,该雇员也提出要求保护不被解雇的诉讼,雇主原则上就必须根据该雇员的要求,在诉讼取得具有法律上确定效力的结果之前,继续雇用他。

通常一些国家政府很欢迎来自海外的投资,但一旦发生劳资纠纷或其他变故,他们比谁跑得都快。比如在战乱不止的苏丹,政府对中石化在当地投资石油资源非常合作。但当企业发生劳资纠纷时,他们就表示"一筹莫展"。一方面,这些国家的劳工法律制度从根基上有保护劳动者这一相对弱势群体的一面;另一方面,大多数国家政府要看劳工组织的眼色,并在某种程度上(如劳工组织本身的票选作用)受制于这些劳工组织(钟懿辉、赵鑫全,2009:21—26)。

随着国内市场的对外放开,各国政府又都修订或制定了一些有关国外企业在本国市场进行经济活动的规章制度,加强了对国外企业和承包商的监管,尤其是安

---

① 消息来源于环球时报,2009 年 5 月 12 日。

全和环保方面的监管,制裁手段也越来越严厉。很多情况表明,中国企业在国外失败,并不是因为投资不得当,而是对东道国有关法律法规不甚了解,低估了强大的工会对企业的作用和当地媒体的影响力。比如中国有一些钢铁厂,就是因为在国外受到工厂工会的极大对抗,最后不得不撤资。前面提到的首钢秘鲁铁矿公司,由于罢工事件频发,首钢曾计划把这家铁矿卖掉,但事情进展得也很不顺利。①

7. 当地政治制度与环境

恐怖主义威胁各国安全,同时也威胁着中国对外经营企业及其员工的安全。还有一些国家的腐败问题很容易引起民众对政府、对当地的外国公司的不满,绑架、袭击事件时有发生。这些事件或多或少威胁到中国在外企业员工的人身安全。

8. 可能的恶意挑衅或破坏

一些对中国的崛起抱有敌视的国家,可能对中国企业对外经营产生一定的负面影响,对外派员工造成一些危害和损害。在马来西亚和印度尼西亚,当地华人的地位问题自然影响了中国企业;中国的中兴和华为两家公司在印度扩招员工、并购当地企业,都莫名其妙地遭到挫折(吕雅琴,2008)。

9. 其他

如劳动纪律与管理、工作时间、加班与休假、工伤与意外伤害补偿、医疗保险、退休制度等。

### 2.3.2 中国企业海外劳资关系冲突的原因分析

中国企业海外遭遇劳资关系风险和危机的原因,大体可以归结为以下三方面。

第一,企业长期在国内经营,对其他各国国情认识不足。对国外的法律制度、社会治理结构、工会的作用、风土人情等,缺乏了解和必要的前期调研,想当然地进行投资、并购和经营行为。

第二,出于各种原因,企业缺乏对职工的责任感;对中国员工和外籍员工的用工政策和待遇等,缺乏足够的研究。

第三,企业安全和风险意识薄弱,对可能存在的风险缺乏分析,缺乏应对方案。

---

① 海宁市人才网,2009 年 8 月 23 日。

## 2.4 中国企业"走出去"的劳资关系风险界定

迄今为止,风险并没有一个为学术界所普遍接受的定义。一般而言,风险可理解为未来的不确定因素对研究对象可能造成的影响或后果,因此,辨识出影响研究对象的因素并加以恰当的分类便成为识别风险的一种可行方法。

劳资关系是劳动者个人或劳动者组织与雇主或雇主组织在劳动过程中所形成的各种经济利益关系,企业和劳动者所签订的劳动契约是劳动关系的表现形式(赵小仕,2009)。由于劳动过程中各种影响因素具有可变性,劳动契约无法将所有情况下双方的具体职责做出详细的规定和说明,这种经济利益关系就处于不确定状态下,也即本文所研究的劳资关系风险。

劳资关系的风险因素众多,不仅牵涉到国家的政治经济形势、资金和劳务的政策法规、经营地点的自然环境和特定群体的社会文化等宏观因素,而且受制于技术规范标准、实体组织形式和劳动力组成结构等微观因素(乔芳,2009)。一般来讲,可以把影响劳资关系的因素分为制度因素、经济因素、技术因素和政治因素。制度因素包括劳务政策、管理模式、工会组织等社会制度;经济因素主要为劳动力成本,技术因素则指生产技术,政治因素则指国际关系、区域保护等引起的相关政策和形势的变化。

根据劳资关系风险的内涵可知,由于各类影响因素具有不确定性,劳动者个人或劳动者组织与雇主或雇主组织之间的经济利益关系并非处于稳定状态,劳资双方为维持利益均衡,必将对风险因素的变动所导致的失衡做出反应。因此,从影响因素的角度出发,可将劳资关系风险识别为制度风险、经济风险、技术风险和外部风险。

针对中国"走出去"的企业这一特定研究对象,因投资具有"跨国"这一特征,制度风险尤为突出,并且文化差异是不可忽视的一个重要因素。然而当制度体现为规则时,它必然反映了文化的价值、文化的精神和文化的理念;当文化体现为规则时,它也必然采取或风俗,或习惯,或制度的形式。从某种意义上,可以说,没有文化价值的制度是不存在的,没有制度形式的文化也是不存在的。因此,我们将文化差异与制度差异融合后,分析了以下几种制度风险。

### 2.4.1 制度风险

中国企业"走出去"必然会受到投资和经营所在国家或地区各项社会制度的制约。由于劳务政策存在差异,管理模式不尽相同,工会组织的作用和力量也有明显差异,中国涉外企业劳资冲突频发,制度风险已成为最显著的劳资关系风险。

1. 劳务政策差异形成的制度风险

中国企业"走出去"的人力资源既包括从国内输出的劳务人员,也包括在当地雇用的员工。企业在人力资源管理中需要遵守国际劳工组织公约和文件、当地劳动法规以及风俗习惯等。由于各国的法律体系和政治文化背景存在差异,对于劳务配额和劳工权利的规定不尽相同,企业须根据当地劳务政策对劳工进行科学管理和组织(中国出口信用保险公司资信评估中心,2015)。

劳务配额政策是引起境外企业劳资风险的重要因素之一。一般来说,各个国家或地区为保护本国或本地区的公民就业,会根据当地实际情况和项目投资规模,给予境外企业一定的劳务配额,企业应当在配额范围内派遣劳务人员。如柬埔寨相关法律规定,投资企业仅在难以招收符合条件的当地人员时,才具备聘用外籍人员的资格;俄罗斯对在俄经营企业雇用外籍员工的配额数量通常远远低于企业的实际需要;加拿大的劳务配额仅适用于管理和技术人员,一般劳务人员须为加拿大籍公民;法国则采用"外国商人证"制度,对外来人员的签证和居留均有严格限制。境外企业使用本国劳动力更有利于沟通和管理,并能在一定程度上降低劳动力成本,因此,劳务配额政策的制定和调整能够显著影响企业的经营状况,成为中国企业"走出去"劳资关系风险的重要内容。2013年后期,由于蒙古年度引进外籍劳务配额在7月份就已用完,中国在蒙古务工人员因在当地未办理工作签证而导致的劳资纠纷时有发生,对劳工和企业利益均造成损害。

劳工权利是指法律规定的劳动者在履行劳动义务的同时所享有的与劳动有关的政治权利、经济权利和社会权利(高爱娣,2008:42—44),包括最低工资、工作时间、劳工福利、社会保险等内容。此外,很多国家对劳工权利进行了十分细致的规定。如卡塔尔的劳动法规定,劳务人员人均居住面积必须在 5 平方米以上,居住地必须配备空调、消防报警系统等(中国出口信用保险公司资信评估中心,2015)。坦桑尼亚规定工作时间超过每周标准 45 小时后,须按标准工资的 1.5 倍支付雇员工资;雇员工作 1 年后均可享受 28 天年假,妇女可享有每 3 年 1 次的 84 天产假(李海明,2005:70—78)。中国企业在"走出去"的过程中,与劳工权利相关的风险凸显,最低工资标准使劳动力成本增加,公平就业和反歧视要求影响企业劳工结构,休假及加班制度降低预期利润,劳工保护的高要求也使企业难以接受(梁贵超,2012:67—69)。

2. 管理模式差异形成的制度风险

不同国家或地区的文化,必然会渗透并反映在管理过程中,形成不同的管理文化,进而影响管理模式。一般而言,管理文化的差异越大,管理模式的不同点也越多。中国企业"走出去"必然面临跨文化管理的挑战,经营和投资所在地与中国相异的管理模式增加了企业的劳资关系风险。

首先,管理制度存在差异。西方管理学理论起源较早,发展至今,已形成较为完善的管理制度体系,其中,泰勒在其《科学管理原理》中提出的科学管理理论对实践应用影响较大,该理论要求进行标准化管理,在管理的各个环节以科学的方法代替传统的经验。因此,西方国家在管理中以精确、量化、分解、逻辑和规范为原则,以法律和制度为中心。中国企业管理制度大多较为关注原则性问题,缺乏对具体内容的详细制订,执行时也存在弹性较大的问题。

其次,决策机制存在差异。西方国家大多实行自上而下的决策机制,上级对下级具有较多授权,因此管理者决策权较大,处于相对强势地位。这种决策机制效率较高,能够使企业迅速应对外界变化,对调动中下层员工的管理积极性有一定作用,但因管理者权力较大,易产生个人专断。中国企业决策机制的特点为"一竿子插到底",上级对下级授权较少,强调集体决策制度。虽然此方式有助于提高决策水平并防止个人专断,但决策程序较为复杂,易使企业错失最佳决策时机,也不利于调动员工积极性(高冰、张杰,2010)。

再次,人力资源管理存在差异。西方国家强调专业化分工,注重绩效评价体系,在某种意义上员工只是企业实现利润最大化目标的工具之一,这种优胜劣汰的管理体系,能够有效激励员工的积极性,对于提高生产力和增强创造力有一定作用。而中国企业的人力资源管理渗透着“人情”的因素，注重“以人为本、情感沟通”的理念；激励机制也以精神激励为主，旨在培养员工的依附感和归属感。一方面，以“人情”为基础的伦理关系渗透进管理制度中，有利于促进员工之间的情感交流，使员工工作的步调趋于一致，减少企业内部的协调成本；但另一方面，这种人员管理理念易使人事安排和人员晋升掺入人情关系的因素，扭曲员工的工作态度和方法，致使管理制度难以发挥其应有的约束作用（戴红军、王宇飞，2010：97—99）。

最后，员工价值观存在差异。在西方资本主义社会中，个人主义是文化精神的基本构成要素，作为一种生活方式、人生观和价值观，具有普遍性和整体性的特点。《简明不列颠百科全书》把“个人主义”解释为：“一种政治和社会哲学，高度重视个人自由，广泛强调自我支配、自我控制、不受外来约束的个人或自我。”①从经济角度理解，个人主义强调个人能够自由选择目标和达到该目标的方式，如果个人利益受到侵害，有权表达意见以争取权益。中国受“中庸”传统文化影响，对自我表现缺乏认同，崇尚个人保持中正平和，以谦和与包容的心态对待外界，中国企业也不同程度存在着“人怕出名猪怕壮”“出头的椽子先烂”“知足者常乐”等观念；社会主义精神文明崇尚集体主义价值观，强调个人利益和集体利益产生矛盾时，要优先服从集体利益，因此劳动者普遍缺乏争取个人权益的意识（赵继萍，2002：38）。

3. 工会组织差异形成的制度风险

西方国家的工会组织产生于 18 世纪末至 19 世纪初，源于西方的工业革命。随着工业化进程的加快，越来越多的农民放弃务农，涌入城市进入各类新兴工厂打工。但工厂环境恶劣且工资低廉，单个劳动者无法以一己之力对抗资本雄厚的雇主，工会组织便由此产生。工会的产生使资本主义背景下劳资关系明显有利于资方的局面有所改变，使劳动者与资方进行交涉与谈判时处于相对平等的地位，为劳动者争取应得利益发挥了强大的作用。工会是由职工自愿发起的群众性组织，职工有自由参加与退出的权利，工会一般独立于其他组织或机构，仅代表所属成员自身的利益。关于工会组织的目标，早期西方一些学者也进行了不同的描述，如Cunnison(1930)提出：“工会是工人的垄断性组织，它使个体劳动者相互补充。劳动者不得不出卖自己的劳动力从而依附于雇主，因此，工会的目标就是要增强工人

① 参《简明大不列颠百科全书》，中国大百科全书出版社 1958 年版，第 406 页。

在与雇主谈判时的力量。"Van de Vall(2010)认为,"工会是雇员建立起来的协会,通过集体谈判改善雇员的工作条件,提高雇员的经济和社会地位"。一般来说,工会组织的主要目标是通过集体协商(谈判)的方式提高员工薪资水平以及增加成员就业机会。目前西方国家的工会组织已经上升到政府强制性的法律保护层面,在大多数市场经济国家以及市场开放度较高的非洲和南美洲国家,均存在着严格的劳工权益保障机制(钟懿辉、赵鑫全,2009)。

在多数西方国家,法律条文明确规定了工会在相应法律范围内的权利,这些权利涉及当地员工的经济利益、人事管理和社会福利等各项事务。在加拿大设立企业,所有雇主在实施有关人事管理的某些措施时,依法律规定必须提前取得相应工会的同意,而企业工会在法律规定许可的范围内有拒绝该项提议的权利,工会拒绝之后雇主便只能争取劳工法庭对其合法性的判决。德国雇主的解雇权受到劳动者工会的双重制约,如果工会基于法定原因对某一解雇行为表示反对,雇员也提出诉讼保护的要求,则在诉讼结果的法律效力确定之前,雇主不享有解雇的权利。非洲和拉美国家受殖民国家影响,工会组织力量同样强大。南非工会组织的工人罢工和企业停产事件不断;莫桑比克的企业在当地工人超过 50 人时便可组建工会;莱索托作为最不发达国家之一,也保护工会组织罢工的权利。

由于中国实行社会主义制度,工会有其特殊的地位,《工会法》中明确规定,"中华全国总工会及其各工会组织代表职工的利益,依法维护职工的合法权益","维护职工合法权益是工会的基本职责。"[①]因此,工会在中国工会被视为"促进企业发展"和"保持企业和谐"的组织,工会的地位和作用被弱化。"走出去"的企业缺少对国外相关劳务法规的了解,忽视工会的强大力量与重要作用,必然会因缺乏研究与经验而面临工会差异带来的劳资关系风险(钟懿辉、赵鑫全,2009)。

## 2.4.2　经济风险

### 1. 经济体制差异形成的经济风险

劳资关系是市场经济的基本经济关系之一,因而其性质和特点取决于所在国

———————————

① 《中华人民共和国工会法》第一章第二条、第六条。

家或地区的经济体制。中国企业在"走出去"后,处于当地的经济环境中,容易忽视经济体制的差异,从而引发劳资关系风险。

资本主义市场经济的根本特征是生产资料私有制,国有成分仅存在于特殊行业。以美国为例,美国经济中国有成分仅占比约 1%,国有企业就业人数也仅为总就业人数的 1% 左右,而这极少数的国有企业也大多被政府以"外包"等方式交由私人进行经营和管理。工会作为维护劳方权益的重要组织,起源于生产资料私有制下资方的压迫和剥削之中,在劳资双方力量逐渐均衡的过程中具有重要推动作用。经过长时间的发展,私有制经济中的劳资双方已处于相对均衡状态,无论是企业还是劳工,均能采用多种方式以维持双方关系的稳定。

中国的市场经济是与社会主义制度相结合形成的产物,生产资料公有制是社会主义市场经济的根本特征,公有制经济在所有制结构中处于主导地位。中国的国有企业普遍受政府支持,具有资本足和体量大的特点,2015 年,中国 94 家世界500 强企业中,国有企业为 83 家。因此,在国内劳动力市场中,国有企业具有良好的声誉和地位,劳动力供给充足,劳资双方的力量与权力处于非均衡状态。国有企业"走出去"后,因缺乏处理劳动争议的经验容易引发劳资关系风险。

2. 劳动力市场差异形成的经济风险

劳动力市场涉及劳动力供需双方的所有问题,是影响双方关系的重要因素,因而劳动力市场的差异是引发劳资关系风险的重要因素之一。中国企业在"走出去"前后,均为劳动力需求方,状况并未发生明显变化,但劳动力市场即劳动力供给市场却出现了巨大差异。

劳动力供给包含数量及质量两个方面,数量由人口数量和劳动力参与率决定,质量则取决于教育和培训等相关投入(魏立,2011)。从劳动力供给数量来看,近年来关于刘易斯拐点是否来到中国的讨论越来越多,无论如何,中国劳动力供给总量庞大的事实仍毋庸置疑。虽然计划生育政策开展以来,中国人口自然增长率已由1978 年的 12.0% 降至 2014 年的 5.21%,但由于基数庞大,截至 2014 年底,人口总量已达 13.68 亿,随着计划生育政策的放开仍应会在一定时期内持续增加。根据国际劳工组织发布的劳动力市场主要指标数据库可知,2006—2010 年,中国 15 岁以上人口劳动力参与率处于 75% 左右,在全球处于较高水平。综合人口数量和劳动力参与率,中国劳动力供给总量现状乐观并仍将持续增长。从劳动力供给质量来看,尽管中国近年来不断增加教育支出,但中国劳动力供给质量总体处于较低水平。2015 年 12 月 6 日,中山大学社会科学调查中心发布的《中国劳动力动态调查:2015 年报告》指出,中国劳动力平均受教育年限仅为 9.28 年,劳动力中具有大学本科及以上学历者仅占 5.17%。[1]

此外,从劳动力结构来看,中国第一产业就业人员虽向第三产业略有流动,从 2010 年的 2.79 亿人减少至 2014 年的 2.28 亿人,但考虑到产业构成增加值,第一产业劳动力对国内生产总值的贡献相对于第二、三产业存在较大差距(见表 2.1)。根据 Petty-Clark 定理,劳动力投入在三次产业中所占比重由大到小应依次为第三产业、第二产业和第一产业,中国总体的劳动力结构存在不合理的问题。

表 2.1　我国三次产业构成及就业人员

| 年份 | 第一产业 | | 第二产业 | | 第三产业 | |
| --- | --- | --- | --- | --- | --- | --- |
| | 产业构成 (增加值,%) | 就业人员 (万人) | 产业构成 (增加值,%) | 就业人员 (万人) | 产业构成 (增加值,%) | 就业人员 (万人) |
| 2010 | 9.6 | 27 930.5 | 46.2 | 21 842.1 | 44.2 | 26 332.3 |
| 2011 | 9.5 | 26 594.2 | 46.1 | 22 543.9 | 44.3 | 27 281.9 |
| 2012 | 9.5 | 25 773.0 | 45.0 | 23 241.0 | 45.5 | 27 690.0 |
| 2013 | 9.4 | 24 171.0 | 43.7 | 23 170.0 | 46.9 | 29 636.0 |
| 2014 | 9.2 | 22 790.0 | 42.7 | 23 099.0 | 48.1 | 31 364.0 |

资料来源:中华人民共和国统计局网站。

综上,因中国"走出去"的企业大多属于第一产业,劳动力供给数量充足,劳动力质量较低,导致缺乏维权意识,因而企业在经营和管理过程中处于相对强势地位,较少遇到劳工争议事件和集体罢工行动,"走出去"后因缺乏对当地劳动力市场的前期调查,缺乏对当地劳动力供给状况的了解,易造成当地劳工的不满,从而引发劳资冲突。

3. 劳动力成本差异形成的经济风险

中国企业"走出去"的主要目标之一是有效利用当地资源从而扩大经营范围并增加企业利润,而劳动力成本是企业实现其目标的重要影响因素之一。虽然中国

---

① 数据来源于《中国劳动力动态调查:2015 年报告》,中山大学社会科学调查中心。

近年来受人口老龄化等因素影响,劳动力结构发生变化,劳动力成本有所上升,但仍然具有较大的成本优势。企业在"走出去"时,由于缺乏前期调研,对劳动力成本的评估不够客观准确,往往因财务预算存在约束而压缩当地劳工支出,造成当地劳工不满,这是引发劳资关系风险的主要经济因素。

国际劳工组织(ILO)对劳动力成本的定义为企业因雇用劳动力而产生的全部费用,既包含工资和薪金等货币形式,还包含实物发放、社会保障、技术培训等以非货币形式表现的福利,即劳动力成本是劳动者所有报酬的总和。在衡量不同产业或地区的劳动力成本时,国际劳工组织推荐使用经购买力平价调整的单位劳动力成本(ULC)指标,即经购买力平价调整的平均劳动报酬与劳动生产率的比值。近年来,虽然中国劳动力工资水平不断增长,但是单位劳动力成本依然存在较大优势。以制造业为例,魏浩和郭也(2013:102—110)经研究得出结论:中国调整后的单位劳动力成本不仅远远低于发达国家和发展中大国,与菲律宾、越南、马来西亚等新兴发展中国家相比也存在较大的差距。

首钢集团自1992年收购秘鲁铁矿公司以来,当地工人多次因工薪问题集体罢工,给首钢集团带来重大经济损失。1996年,工人罢工长达42天;2004年,781名矿工工会工人和180名合作社工人相继为加薪罢工,造成直接经济损失500万美元;2005年,矿工工会在公司未满足全部加薪要求后,再次宣布无限期罢工并设置封锁线;2010年,位于秘鲁南方的Marcona矿区共有1 600名工人参与罢工;2012年,1 113名工人罢工近20天;2013年,Hierro秘鲁公司部分铁矿工人要求加薪,在与公司谈判破裂后举行罢工。首钢秘鲁铁矿的数次罢工均源于当地工人加薪的要求,罢工已经成为首钢集团在秘鲁经营面临的重要风险之一。此外,赞比亚等非洲国家的中国企业也多次遭遇工人罢工,主要原因均为当地工人的薪资问题(过宣帆、刘宏松,2013)。

## 2.4.3 技术风险

在当前经济全球化进程不断推进的背景下,技术竞争已经成为各国进行经济竞争的主要方式。尽管近些年中国发展速度较快,已经成为世界第二大经济体,但经济增长方式仍未实现根本转变,发展方式粗放、技术创新能力不足已成为中国提高国际竞争力的短板,而发达国家凭借其核心技术占据着生产链的高端环节,具有能源消耗低、利润空间大等优势。有学者将企业的对外直接投资行为分为优势型对外投资和技术寻求型对外投资两种(郑钢,2008:46—47)。中国企业在对外投资时,大多带有技术寻求的目的,试图以"走出去"为契机,获取国外的先进技术,从而培育出自身独特的竞争优势。然而,若企业在此过程中与当地劳工缺乏有效沟通,则易使被投资方对企业产生误解,从而引起劳资冲突,因而技术风险也是中国企业"走出去"的重要劳资风险之一。以上海汽车集团收购韩国双龙汽车公司为例,2004 年 10 月 28 日,上汽集团以 5 亿美元正式收购双龙汽车 48.92% 的股权,成为国内车企海外收购的首个成功案例。根据公司的全球战略目标,上汽收购双龙,除具有推广双方汽车产品的作用之外,还意图利用双龙的先进技术提升自身竞争力。然而,在并购完成后,双龙工会不断指责上汽集团"偷窃"技术,并举行多次罢工行动,要求上汽集团停止向中国转移技术(袁庆宏,2007)。

此外,某些企业在"走出去"时,为保护自身核心技术及产品,有时仅将技术含量较低的业务或产品线迁往海外,而将核心部门和成员保留于国内,形成所谓的"技术歧视",这会对其海外雇员的职业发展造成一定影响,因此成为引发劳资关系风险的技术因素之一(周霞、王朝晖,2011)。

## 2.4.4　政治风险

"走出去"的企业处于经营地或投资地的环境中,代表着中国企业的国际形象,必然在一定程度上受国际关系的影响。Jeffreg D.Simon 对政治风险有如下定义:"政治风险可看作源于东道国或东道国外的政府抑制或社会行动,会对特定或大部分国外经营与投资造成不利影响。"(Simon,J.D.,1982)由于政治体制、经济发展、文化观念存在差异,以及各国政府均在一定程度上对当地产业和企业进行保护,中国企业在"走出去"过程中常常受到质疑和猜忌,引起当地政府和劳工的抵制行为,使劳资关系面临政治风险。

由于各国经济、政治和社会发展状况各不相同,政治风险所包含的内容也有所差异,一般来说以下几个方面均可能会对劳资关系造成影响。首先是战争或政治动荡。很多发展中国家存在宗教、种族和民族等问题,民众深受经济贫困和政局混乱之苦,长期对当地政府不满,从而引发游行、示威、罢工等活动甚至战争,对企业生产和经营产生不利影响。其次是涉及政治意图的法律限制。有时东道国政府为保护国家利益和行业发展,恶意增加部分法律条款,限制境外企业雇用劳务,从而引发劳资关系风险。此外,文化观念差异也是政治风险中的重要内容。例如,在伊斯兰国家及非洲国家,由宗教和文化因素引发的针对境外企业和人员的示威、袭击和罢工时有发生,对"走出去"的企业可能造成一定影响。

# 第3章
# 中国企业"走出去"劳资关系风险的识别

风险(risk),不同的人可能会对其进行不同的定义,但其核心要素无疑至少包括:(1)事件未来的不确定性;(2)事件后果可能带来损失。有人认为"风险"的定义为以下三个基本问题的综合答案:(1)会发生什么问题(风险识别);(2)发生的概率有多大(频率或概率分析);(3)后果是什么(后果分析)(刘新立,2015:19—21)。

## 3.1 风险识别和控制

要解答上述三个问题,则需要对相关的危险因素进行分析(见图3.1)。风险分析的目标是为了尽可能地对未来进行预测,尽可能地避免或减少风险带来的危害,从而对未来进行更好的计划和决策。

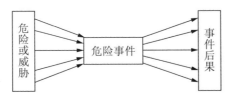

资料来源:刘新立(2015)。

**图 3.1  风险分析的概念模型:领结模型**

界定劳资关系风险应按照以下程序进行:(1)界定劳资关系中可能存在的风险

及各种风险发生的概率;(2)界定相关风险一旦发生,其后果的严重程度;(3)界定和分析劳资关系中各种风险可能的相关因素。

具体到劳资关系风险的识别,也有很多的方法,可以按照马斯洛需求层次理论,从员工的生存需求风险因素、安全需求风险因素、社交需求风险因素、尊重需求风险因素及自我实现风险因素这五方面进行分析。对每一个方面的分析,可以在不同的阶段去分别识别:危险因素、初始事件、事故场景、事故的后果、事件的严重度、风险的动态平衡、残余风险等。

在风险管理的不同阶段,尽量在前端环节控制——事前界定风险,按照可能的主题或维度,如前述的生存和生活需求方面、安全需求方面、社交需求方面、尊重需求方面及自我实现方面,界定劳资关系纠纷中可能存在的风险。

如果做不好或者做不到事前界定风险,则退而求其次——在事情发展过程中识别风险,这时要注意识别初始事件和事故场景。初始事件是一系列事件中最早发生的那个事件,如同多米诺骨牌效益中倒下的第一张牌,如果不加以注意和控制,则会发生一系列的连锁反应,最终导致灾难性后果(危险事件)的出现。这一系列反应可能是显在的,也可能是潜在、不易察觉的;反应的时间有可能是短期、很快的,也可能是长期、间断的。事故场景,是指危险事件或灾难性结果发生前的一系列事件、场景和氛围,比如工人罢工前的有关活动、工会的动静等。

如果前两个环节都没有达到有效目的,则在风险管理的最后一个环节——风险发生后的合理处置——进行控制。这时的管理和控制,一是被动的,二是处置过程中尽可能需要眼光长远、视野开阔、多考虑可能的替代选项或相关措施的机会成本,三是需要预见未来的结果及后果,为长远决策提供依据。

## 3.2 中国企业走出去的劳资关系风险

企业的风险分为危害性风险(hazard risk)和金融性风险(financial risk),其中危害性风险是指对安全和健康有危害的危险,是只有损失机会而无获利机会的纯粹风险(pure risk),法律责任风险、员工伤害风险和员工福利风险都属于危害性风险(刘新立,2015)。劳资关系风险属于员工福利风险的范畴,因而属于危害性风险或纯粹风险。

境外的劳务人员包括中国外派的劳务人员、在当地招聘的劳务人员和在第三国招聘的劳务人员三种类型。因而,境外的劳资关系风险往往包括来自本国的劳务人员与资方之间的风险、当地招聘的劳务人员或第三国劳务人员与资方之间的风险(中国出口信用保险公司资信评估中心,2015:30—32)。劳资关系风险指企业主或企业管理人员(劳动使用者)与普通员工(劳动者)发生或即将发生冲突的可能性和带来破坏的严重性的组合,具体可以表现为撤出(心理撤出或离职)、法律风险、社会风险和群体性事件。

相对企业经营其他方面的风险,对走出国门的中国企业来说,劳动风险往往是比较容易忽略的方面。中国改革开放 30 多年,实际上很多企业是在国内忽视劳动者健康权益和社会福利、劳动者被压迫但投诉无门、资方势力强大、相关法律制度缺乏或不健全的大背景下发展起来的。这些企业走出国门后,无论是在经济和社会发展优于中国的欧美地区,还是在经济状况欠发达的非洲和一些东南亚国家,如果在劳资关系风险方面,在客观和主观方面没有很好地进行相关准备,被迥然不同的劳资关系折腾得无法营业甚至完全失败的不在少数。

概而言之,对企业来说,劳资关系风险的形成,无外乎有主观方面的原因,如企业的文化传统及对工人福利认识的差异,以及客观方面的原因,例如经济和社会发展、劳方社会地位和影响力的改变、不同国家的法律制度和政治权利结构状况的差异等。因而,要走出国门的中国企业,要从以下两个方面去识别和分析可能出现的劳资关系风险。

客观方面。要分析宏观环境对劳资关系的可能影响,例如:(1)政局的稳定性、社会和经济发展状况;(2)制度环境、金融环境、政府政策,包括宏观的大环境及具体的工资关系方面的环境,例如法律环境,诸如公司设立、破产保护、法律适用性及冲突、各类纠纷的解决等;(3)意识形态、民众意见、宗教、媒体报道、同周边国家的关系。

主观方面。要认识劳资关系本身的风险,例如劳工政策、劳务配额、工资规定、工会活动、罢工情况等。

## 3.3 识别劳资关系风险的方法

实践中有很多的方法可用来界定和识别劳资关系风险。

最常用的方法是文献研究法,包括对当地相关的法律、法规、政策的调查,如针对劳资关系、劳动用工政策、工会的职责、员工的权利与责任、外资企业等的文献研究,以及所在国家的历史、政治、经济、风土人情、社会世俗等的调查。

其次是企业自己组织的定性研究和定量研究,定性研究方法如关键知情者深度访谈法(key informants in-depth interview)、小组访谈调查法(group discussion)、专家访谈法(德尔菲法)、头脑风暴法(brain storm)等,都是常用的方法。可利用相关的图示技术进行风险界定和分析,如因果分析图、系统和过程流程图、树状图、因果分析图、骨刺图等。

风险库对照法是寻找和界定风险的方法之一,利用企业经验或专业机构的支持,制作风险识别库,对潜在的风险进行一一鉴别;或者列出潜在的风险清单,可以按照不同的板块或流程模式,从重要的到次重要,对可能的风险进行一一排列;然后注意分析、寻找对策或排除(中国出口信用保险公司资信评估中心,2015:30—32)。表 3.1 是劳务风险识别库示例。

表 3.1　劳资关系风险识别库

| 风险名称 | 风险描述 | 影响阶段 | 可能后果 |
|---|---|---|---|
| 劳务法律 | 未满足法律对劳务保护的要求 | 整个项目周期 | 罚款或取消劳务配额 |
| 工会组织 | 未满足工会组织诉求 | 整个项目周期 | 罢工 |
| 罢工情况 | 未满足劳务诉求 | 整个项目周期 | 罢工 |
| 员工解雇 | 未按当地法律要求 | 整个项目周期 | 劳资纠纷 |
| 风俗文化 | 未尊重劳务的信仰文化等 | 整个项目周期 | 冲突或罢工 |
| 劳动保护 | 未配备合适的劳保用品或未进行安全培训 | 整个项目周期 | 劳务受伤或死亡 |
| 人身安全 | 犯罪或非传统安全 | 整个项目周期 | 劳务受伤或死亡 |
| …… | …… | …… | …… |

资料来源:中国出口信用保险公司资信评估中心(2015)。

委托研究也是中国企业走出去的劳资风险关系界定和识别常用的方法。可以根据自己企业和所在国家的情况,委托国内及国外的相关机构或人员对有关问题进行调查或咨询。调查内容可以包括相关行业的国外劳资关系状况,工会的作用和地位,工人的权利意识及政治的民主情况,相关行业的劳动福利,员工的聘任与解聘,所在国及地区的相关法律制度、文化习俗、政治冲突、社会安全等。

## 3.4　企业劳资关系风险分析

劳资关系风险的引发因素有很多,对于劳资关系风险的界定可以从关键性的劳资关系风险因素出发。根据马斯洛的需求层次理论,可以从员工的生存需求风险因素、安全需求风险因素、社交需求风险因素、尊重需求风险因素及自我实现需求风险因素五个方面,来识别可能存在的劳资关系风险。

(1)生存需求风险因素:主要是工作收入及薪酬待遇等方面。

(2)安全需求风险因素:人身安全(工作环境、工伤事故处理、职业病发生与处理等),健康保障(员工日均加班时间、医疗保险保障、定期体检福利情况等),工作职位保障(劳动合同的签订情况、无固定期限劳动合同分布情况、劳务派遣情况、员工解雇情况、工作岗位稳定性等)。

(3)社交需求风险因素:企业职工代表大会、企业定期交流活动、员工诉求的表达、员工工资差距情况、员工流失、风俗习惯等。

(4)尊重需求风险因素:自我尊重和信心(员工技能、职业生涯规划情况、晋升通道、工资增长率、员工工资差距情况、加班工资支付情况、风俗文化等),被企业尊重(员工合理化建议的采纳、员工日均加班时间、劳动争议与处理、企业管理方式与方法、企业对员工的满意度、规章制度制定程序的民主程度),对企业尊重(员工的忠诚度、罢工情况等)等。

(5)自我实现需求风险因素:工作内容及满足感、发展前景、员工培训情况等。

根据风险评估的基本理论,风险分析分为危险(或风险)识别、危险事件发生的概率分析、危险事件发生后产生的后果分析。常常用风险指数($R$)来衡量风险大小,风险指数是综合了危险事件发生的概率($p$)和危险事件发生后的后果严重性($C$)两方面因素的指标,$R = p * C$,也可以称为脆弱性指数(vulnerable index)。

也有人结合危险事件发生的概率($p$)和危险事件发生后的后果严重性($C$)两方面因素做成风险矩阵图(见图 3.2),用以标识各种风险的严重性。

| 概率后果 | 1—非常罕见 | 2—很少发生 | 3—可能发生 | 4—有时发生 | 5—经常发生 |
|---|---|---|---|---|---|
| 5—灾难性 | 6 | 7 | 8 | 9 | 10 |
| 4—重大损失 | 5 | 6 | 7 | 8 | 9 |
| 3—严重破坏 | 4 | 5 | 6 | 7 | 8 |
| 2—破坏 | 3 | 4 | 5 | 6 | 7 |
| 1—轻微破坏 | 2 | 3 | 4 | 5 | 6 |

资料来源:马文·桑德拉(2013)。

**图 3.2 风险矩阵**

具体实践中,可以将上述的员工生存需求风险因素、安全需求风险因素、社交需求风险因素、尊重需求风险因素及自我实现需求风险因素五方面,放到风险矩阵中进行一一度量。

# 第4章
## 中国企业"走出去"的劳资关系风险的防范与处理

中国企业在"走出去"的进程中会不可避免地遭遇劳资关系风险,在对其予以界定、评估及识别的前提下,通过风险管理工具对劳资关系风险进行防范与处理成为必要,从而能够实现规避及有效化解。劳资关系风险不同于其他类型的投资风险,从广义的角度讲,是一整套有关劳动者与资本所有者之间的关系体系,涉及一系列与企业组织有关的利益相关者、组织和国家制度(佟新,2005:33)。这意味着劳资关系不仅是一种组织管理安排,而且处在一个更广的政治、经济、文化和社会背景中,因此,不同国家的劳资关系必然会有差异,即使是经济体制比较相近的国家,其差异也是非常大的(李向民、任宇石,2007:49)。

目前,中国企业"走出去"比较成熟的形式有对外投资、对外承包工程、对外劳务合作等。据统计,仅对外投资这一形式中,2013 年年末境外企业员工总数就达196.7 万人,其中直接雇用外方员工 96.7 万人,占 49.2%;来自发达国家的雇员有10.2 万人,较 2012 年增加 1.3 万人。[①]而对外承包工程与对外劳务合作中更是有着更为庞大的外派劳工(又可称为海外劳工、对外劳务人员)。这都决定了中国企业"走出去"中劳资关系风险管控的复杂性与重要性,具体的劳资关系风险防范与处理机制应从不同层面展开。不仅需要国家从宏观上为中国企业走出去防范劳资风险创造良好的解决途径,而且需要企业从微观层面来调整自己的对外投资战略体系和公司治理机构,以期通过预防性措施和补救性措施的结合,来最大限度地减少

---

① 商务部、国家统计局、国家外汇管理局:《2013 年度中国对外直接投资统计公报》,http://fec.mofcom.gov.cn/article/tjsj/tjgb/201511/20151101190468.shtml,2014-09-09。

劳资关系风险对中国企业对外投资绩效的影响。

## 4.1 国家层面劳资关系风险的防范与处理

### 4.1.1 国际合作途径

1. 积极推进双边及多边投资协定的签订

随着经济全球化不断深入,贸易自由化得到迅速发展,并深刻影响各国劳动关系和劳动者权利保护的水平。在这一进程中,国际贸易与劳工标准不同程度地挂钩得以逐步实现(李西霞,2015:165),可促进可持续发展的投资成为国际共识。自《北美自由贸易协定》开始,近年来,双边投资协定或自由贸易协定呈现出劳工保护条款增加的趋势。2008年,中国与新西兰签订了《劳动合作谅解备忘录》,作为《中华人民共和国政府和新西兰政府自由贸易协定》的附加协定,就涉及劳工标准的问题。2012年,美国在其公布的最新版本的双边投资范本中,就在原有范本的基础上进一步扩充了劳工保护的规定。同时,美国在着力推动的《跨太平洋伙伴关系协定》(TPP)谈判中专设"劳工权利"一章,涉及基本劳工权利和争端解决等内容。欧盟新一代的贸易协定关于劳工保护也达成了新的双边承诺。在2013年启动的中欧双边投资协定谈判中,欧盟的目标之一就是努力确保缔约方不能弱化或减损国内劳工立法或标准,或放松核心劳工标准或立法,以鼓励外国直接投资(汪玮敏,2015:76)。

作为中国企业"走出去"最新引领的"一带一路"战略,就清晰地意识到"一带一路"沿线60多个国家和地区经济发展水平各异,利益诉求不同,文化差异明显,为了使我国的具体投资项目与相关国家或地区对接落地,就要尽快制定并启动以双边为主、多边为辅、具有可操作性的政府间交流机制(樊增强,2015:112)。以美国为例,作为世界上最大和最为活跃的投资母国,缔结双边投资协定是其保护海外投资最为重要和有效的方式,减少了美国企业在东道国可能遭遇的各种投资风险。虽然我国签订的自贸协定、投资协定有近140项之多,但其中涉及劳工保护措辞的很少。将来通过签订双边或多边投资保护协定来实现对中国企业"走出去"劳资关系风险的防范和处理,可从以下两个方面着手。

其一,通过谈判降低劳工标准。双边投资协定(bilateral investment treaty,BIT),主要是指两个国家之间本着促成国际投资的意愿,对投资环境、优惠、保护、规制、争端解决方式等问题做出制度安排、形成一致意见而达成的双边协议(金晓玫,2013:3)。根据现代国际法准则,双边投资协定一经签订生效,即产生国际法上的拘束力,既独立于国家主权之外,又对国家的行动和政策加以约束(姚梅镇,2005:261)。所以,对协定条款协商与接受,缔约国要持谨慎的态度,要以本国投资者能够真正履行为前提。作为国际劳工组织的创始国,改革开放以来,中国虽一直在致力于劳动保护制度的完善,但受限于经济发展水平,目前来看还不能认为已健全了能够为劳工提供充分有效保护的劳动立法,劳工标准与发达国家还存在一定的差异。基于此,若盲目地接受双边协定或自由贸易协定中的劳工标准,必然会导致适用上的问题。这种协定不但不能起到防范劳资风险的目的,反而会激发相关风险的发生,或者成为一种变相的贸易壁垒。

以中欧双边投资协定的谈判为例,欧盟在劳动、环境方面具有完善的法律制度和较高的标准,相比之下,中国由于相关法律制度尚未健全,需要考虑如何在与欧盟的谈判中以国际劳工协议和多边环境协定为基础来确立恰当的标准(江清云,2014:90—91)。具体而言,中国应当在设定标准和义务承担方面充分考虑本国国情,同时还要甄别欧盟标准的合理性及标准与贸易屏障的区别(路虹,2013)。双边协定与贸易协定谈判的过程是国家之间博弈的过程,因此通过磋商,可将部分标准逐步纳入我国可接受的劳工标准,对于暂时达不到的劳工标准,或制定阶段性标准,或增加有利于我国的例外条款(李西霞,2015:174),是目前可行的做法。

其二,寻求合理的劳资争端解决方式。目前,国家之间的双边及多边投资协定中存在的劳资争端解决主要方式及我国的态度如下。

通过协商和谈判方式解决。作为劳资纠纷,通常情况下是由工会介入代表劳方与资方进行集体协商与谈判,尤其是在工会职能比较健全的国家,但在这一过程中中国企业要时刻防止东道国的工会恶意行为,要学会运用东道国的相关法律来对抗工会的不法行为。国际劳工组织第 92 号建议书亦认为通过调解达成的解决争议的办法应被视为以通常方式达成的集体协议的相同结果,并规定了三方协商机制。这种方式最大限度地尊重劳资双方的意志,而且也有利于劳资纠纷的快速解决,通常情况下为我国所接受。

用尽当地救济。这是国际投资争端解决的传统方式,主张当外国人与东道国政府或企业个人发生争议时,在未用尽东道国法律规定的所有救济方式之前,不得寻求国际争端程序解决,该外国人的本国政府也不能行使外交保护权(范亚新,2004)。对于我国广大的外派劳工而言,用尽当地救济有可能会存在适用上的障碍,有时会很难实现,所以对于劳资争端中用尽当地救济原则的适用性问题,中国应采取审慎的态度,不能一刀切地接受或否定,合理的选择应是使适用当地救济与例外情况相结合。

仲裁解决是投资国—东道国争端解决机制的要求。其涉及的是劳工保护投资争端可仲裁性问题,争端的可仲裁性是指依据争端的性质和仲裁的性质,该争端能够被当事人提交仲裁而最终解决的属性(汪玮敏,2015)。对此问题国际社会一直存在争议。但美国双边投资协定《2012年范本》中规定,当争端一方认为投资争端无法通过协商和谈判方式解决时,那么无须用尽当地救济即可以自己的名义或者以其所有或者直接或间接控制的设立于争端另一方境内的法人的名义依本协定提起投资仲裁(黄洁,2013)。此条亦表明用尽当地救济原则的松动。对外投资作为一种商事活动,发生争端之时寻求仲裁解决符合仲裁制度的要求,但考虑到劳工问题涉及的是一国的内部事务,各国劳工保护水平有所差异并基于各自的国情而产生。若寻求仲裁解决,有可能产生对东道国主权事务进行干预的后果,这样劳工保护投资争端仲裁的合法性会遭到质疑。目前,我国劳工保护制度缺失的现状决定了对是否接受此争端解决方式应采取审慎的态度。

2. 加强与国际劳工组织及国际社会的合作

(1) 加强与国际劳工组织的合作。成立于1919年的国际劳工组织一直以保护劳工享有平等的劳动权益为使命,以实现劳工的体面劳动为目标,并已取得了令人瞩目的成就。然而,作为国际劳工组织创始国和社会主义的工人阶级大国,中国所批准的国际劳工公约仅占全部公约的17%,不及各会员国平均批准数目的1/3(高爱娣,2008:43)。尤其是其中八个核心公约,我国目前仅批准四个,涉及男女同工同酬、最低就业年龄、最恶劣形式童工、就业歧视等问题,而对于强迫劳动、结社自由、集体谈判权等问题,我国对公约的批准一直采取审慎的态度。我国劳动实务中强迫劳动问题并没有得到完全杜绝;虽赋予结社自由权宪法权利的地位,但因具体实现措施的欠缺,劳动者的结社自由权并未真正存在;集体谈判权的行使也因我国工会的不独立性及罢工权的缺失而没有充分地发挥其制度功能。这些都成为制约我国劳工标准与国际劳工标准相衔接的藩篱。

中国本着负责任的态度没有盲目地对相关公约予以批准,但自中国加入WTO,提出中国企业"走出去"战略开始,中国便不断受到利用廉价劳动力对他国经济构成威胁的指责,中国企业与当地员工之间的劳资冲突也多源于其对国际劳工标准的违反。可见,要想真正地防范劳资关系风险,通过国内法的修改与完善,将相关规定与国际劳工标准接轨,加强与国际劳工组织的合作,为我国创造良好的经济、法律、人文环境,也是中国实现"走出去"战略的迫切需要。同时,也要意识到除了呼吁政府保护护工会、雇员合法权益外,另一方面工会可以考虑建立、健全全国性或区域性的行业工会和产业工会,加入国际产业联盟,加强同国际劳工组织、国际工会秘书处(ITSs)及国际自由工会联盟(ICFTU)和全球工会联盟(GUF)等的交流和联系,尤其是 ICFTU 和 GUF,它们主要的职责就是通过加强各国工会在企业及行业水平上的国际合作来监督跨国公司的行为并维护全球劳动者的权利,在工会和跨国公司之间建立真正的全球对话(李向民、任宇石,2007)。

(2)加强企业社会责任标准对中国企业的指引。从企业社会责任产生与发展历程来看,企业社会责任与劳工保护有着不可割裂的关系。企业社会责任开始在国际上引起广泛关注的开始是 20 世纪 70 年代,劳工组织和劳工运动跨越国界开展了全球性的"反血汗工厂、公司行为守则运动"(吴芳芳,2013:24)。至此,劳工一直是企业社会责任重点关注的利益方。目前国际上比较有影响力的企业社会责任国际标准主要有 SA 8000 和 ISO 26000 两种。SA 8000 是世界上第一个社会责任体系,其中劳工标准占有很大部分。而 ISO 26000 中劳工实践也是核心主题。可见,企业社会责任完全可以成为企业防范劳资冲突风险的有效途径。而另一方面,企业社会责任体系发展到今天,对于参与国际竞争的企业而言,遵守社会责任规则不再仅仅是一种自愿性质的事项,也是一种强制性质的外在要求;企业应对社会责任标准所产生压力的能力已经逐渐成为其保持国际竞争力的重要因素(Jose Allouche,2006:105—113)。中国企业为了更好地实现"走出去"战略,已不可避免地要积极回应这一问题。但从企业社会责任涉及的问题来考量,像劳工、环境这样的问题仅从企业层面来应对,似乎很难得到卓有成效的解决。基于此,国家层面的介入成为中国企业回应企业社会责任运动对对外投资提出的挑战的必由路径。

首先,国家要引导企业拥抱社会责任的国际标准,并通过培训的方式予以实现。目前,国家对此已经有所尝试。2008 年 1 月 1 日,国务院国有资产监督管理委员会发布了《关于中央企业履行社会责任的指导意见》,这是中国政府首次对中央企业应该如何履行企业社会责任给予指导,取得了一定的成效。如中国纺织业在 2008 年完成了本行业的社会责任体系的建构,公布了《中国纺织服装企业社会责任报告纲要》,以期消解现实和潜在的贸易壁垒和社会风险(刘冰,2013:98)。中国铝业也实现了本行业社会责任管理的规范化和常态化。2012 年,在商务部的指导下,中国对外承包工程商会编制了《中国对外承包工程行业社会责任指引》,作为中国首部对外承包工程行业自愿性社会责任标准,就借鉴了联合国全球契约和 ISO 26000 等国际通行做法。①遗憾的是,目前对此问题更多的是国有企业予以回应,而且针对 ISO 26000 还没有展开全方位的有效指引,这就需要政府各部门制定与国际标准相衔接、针对所有类型的中国企业"走出去"社会责任指引,并开展企业社会责任国际标准的培训,形成全球范围内社会责任理念的共识和国际标准对接(赵钧等,2012:28)。同时,国家应适当争取在其中的话语权,并通过沟通对话,使国际社会责任体系加入中国情境因素,反映中国企业的利益(黎友焕,2014:52)。

其次,国家必须通过制定法律赋予社会责任于强制性。SA 8000 和 ISO 26000 两个国际标准都由非政府组织制定,内容上也只是规定了一般的衡量标准,没有考虑到各国的国情差别,这些都决定了企业社会责任标准在性质上属于国际社会共同遵守的规则,不具有法律属性,只能要求企业自愿遵守,而不能以强制执行的方式要求企业履行(王碧森,2011:188)。要想社会责任落实到实处并且符合各国的国情,必须通过各国的国内法予以固定。中国的法律法规当然已经涉及有关企业社会责任的内容,如各种劳动标准、环境保护、产品质量等,但与以上社会责任国际标准相比,仍有很大的调整空间。

再次,国家要将企业社会责任与风险防范有机结合,利用企业社会责任来防范

---

① 《首部〈中国对外承包工程行业社会责任指引〉正式发布》,中华人民共和国商务部网站,http://www.mofcom.gov.cn/aarticle/ae/ai/201209/20120908364916.html。

劳资风险。国家要通过宣传和培训,使企业认识到社会责任是其在对外投资中防范劳资风险的有效方式,只要企业在对外投资经营中以社会责任的标准来指引自己处置劳资关系的相关事项,以对当地社会负责任的态度来协调其与当地雇员及利益相关者之间的关系,就会有效地减少劳资风险的发生。虽然可能会增加一定的成本,但从整体上基于风险的有效防范而取得的收益会更为显著。而且从相反的角度上来理解,风险防范本身也是企业承担社会责任的要求。

## 4.1.2　外交途径

随着中国企业"走出去"步伐的加快,根据商务部对外公布的数据,截至 2013 年,我国派出的各类劳务人员累计已达 600 多万,遍布世界 180 多个国家。外派劳工的合法权益得不到保障,成为一个突出的问题:违反合同约定的低工资,工资不能按时发放并被克扣,每天超时劳动和无偿加班,恶劣的劳动环境等,是外派劳工的普遍遭遇(常凯,2011:41)。尤其是在以"政府对政府""既输出资本技术,也输出劳务合作"的所谓非洲模式和中东模式中,这一问题则更为突出。罗马尼亚的"上访"和罢工事件、赤道几内亚承建项目的大连某公司的中国工人罢工事件、日本的"山梨事件",以上这些外派劳工劳资纠纷的发生,无不凸显着外派劳工与当地雇主之间劳资关系的紧张,这也成为中国对外劳务合作企业"走出去"要面临的风险。同时,这些事件的处置大多以东道国的强制遣返为结果,可见作为弱势的劳工个体,很难对抗东道国强大的国家力量。此时,本国国家力量的介入就成为必然的选择。劳务实践中也呈现出这样的态势,即在已发生的我国众多外派劳工维权行动中,大多是我国外交部门牵头,商务部门和地方政府有关部门及经营企业跟进,直至把劳务纠纷化解完毕为止(王辉,2015:46)。可见,外交途径是处理外派劳工与当地雇主之间劳资关系纠纷的有效途径。具体而言,外交途径包括两种模式,即外交保护与领事保护。对此,有如下问题要予以明晰。

第一,以外交保护的人本化转向为契机,强化外交途径在保护中国外派劳工合法权益中的作用。外交保护的人本化转向意味着外交保护制度是当代人权维护中不可或缺的重要机制,并通过联合国国际法委员会拟定的《外交保护条款草案》中对外交保护范围的扩大、外交保护条件的放宽,来进一步提升这一作用(贾晓盼,

2012：138）。从观念上看，强调外交保护，应将海外公民人权利益置于比较突出的位置。劳动权具有生存权与发展权的双重属性，作为公民所享有的人权的重要组成部分，当然可以成为外交保护的题中之意。据此，也可回应对采取外交途径防范和处置劳工权益的质疑。

第二，健全外交和领事保护预警和应急机制。中国商务部、外交部通过 2009 年《关于建立境外劳务群体性事件预警机制的通知》与《防范和处置境外劳务事件的规定》以及 2011 年《中国领事保护和协助指南》和 2012 年《对外劳务合作管理条例》的发布，构建了境外劳务事件的预警和处置机制，其中就涉及中国驻外使领馆的外交保护和领事保护。要求外交部指导各相关使领馆加大外交交涉力度来平息事态、化解矛盾，最大限度地维护我国企业和人员利益，同时维护国家利益和对外形象（张哲，2010）。

在预警措施方面。首先，各驻外使领馆要加强与对外投资企业、对外承包工程企业、对外劳务合作企业（劳务输出企业）的合作，及时全面地掌握外派人员的务工相关情况，涉及来源地、对外签约单位、境外雇主、工种、工作地点、劳动条件和工资保障等，建立管理档案。其次，要建立畅通和多样化的沟通渠道。通过咨询投诉电话、官方微信、网络平台的设立，来倾听外派劳工的诉求，及时发现他们与当地雇主之间是否存在发生劳资纠纷的苗头，及时预警；再次，通过细致的思想工作及时化解外派劳工的不满情绪，并为外派劳工提供可行的解决之道。

在应急措施方面。首先，在发生劳资纠纷事件后，中国驻外使领馆要在第一时间做出反应，立即了解冲突双方的相关情况，尤其是境外雇主和外派劳工的诉求、冲突的焦点，并及时介入事件的处置，避免事态的扩大化。其次，依据事件的发展态势，决定是否需要为外派劳工提供必要的领事保护。再次，使领馆应将有关情况通报给外派劳工所在地人民政府、所属企业及其上级行政主管部门，以期能够提供进一步的处置。

第三，明晰外交保护和领事保护在适用上的不同，来更全面地为外派劳工提供外交途径的保护。一方面，国家外交保护的行使要受到诸多的限制，实施的前提是要遵守三个原则：用尽当地救济原则、国籍连续原则及遵守国际法原则（单海玲，2011：68）。对于在国家需要为外派劳工予以外交保护的场合，有时会处于不能实施的困境，而领事保护则无需面对这样的尴尬。领事保护虽也有着自己的规则，但相对于外交保护,其适用的条件更为宽松。另一方面,外交保护与领事保护经过对实践的总结,重要区别之一即领事协助通常是预防性的,即着眼于防止国民遭受某一国际不法行为损害;而外交保护则是补救性的,即为就发生的不法行为提供救济。①通过二者的有机结合,才能构建具有"事前控制"的预防机制和"事后补救"的应急机制的全方位的外交保护机制。

### 4.1.3　法律途径

法律途径才是解决中国企业"走出去"劳资关系风险问题的根本之道,无论是国际合作途径,还是外交途径,都一定程度地需要法律途径予以落实。基于我国目前的相关立法状况,具体可从以下两个方面展开。

1. 以劳工标准国际化为目标来完善国内劳工标准立法

经济全球化与国际贸易的自由化决定了,在当今时代,任何一个国家的劳资问题不再局限于一国之内,在一定意义上,它演变为劳动者与雇主、发达国家的工会与发展中国家的工会,以及不同国家和政府之间的利益矛盾与冲突。马克思所描述的生产无政府状态的"全球化",使世界范围内的劳资关系处于"不确定"之中。加入 WTO 以来,中国的劳动关系更加具有国际化特点。这种国际化的特点,主要是通过跨国公司全球化的生产链来传递的。劳动关系的国际化,不仅表现在国际劳工标准对中国劳动立法的影响,也表现在中国在劳动关系管理方式和矛盾处理方式上对国际经验的借鉴、企业社会责任运动的推进,以及中国与国际劳工运动更密切的联系等诸多方面。中国要想应对经济全球化的劳资关系问题,国内规则应逐步地与国际化的市场规则和劳资关系处理规则相融合(吴宏洛,2009:3—4)。这就需要我国展开劳动标准国际化的立法探索,只有这样,中国企业才具有更强的抵御劳资关系风险的能力。

中国目前还没有统一的劳动基准法,各种劳工标准分散地规定在各种不同时期制定的且效力位阶不同的法律法规之中,主要包括:《劳动法》《劳动合同法》

①　A/61/10,第 61 届联合国大会文件,联合国国际法委员会对《外交保护条款草案》第一条的评注,第 9 段。

《工会法》《安全生产法》《集体合同的规定》《职工带薪年休假条例》等,这样的立法体例导致的适用上的混乱与冲突在所难免,而且相关的立法完善也很难与国际标准接轨。但单独《劳动基准法》的制定可以是一个中国的劳工标准与国际接轨的契机,虽然目前时机还不成熟,但随着中国经济发展的需要,这是必然的选择。

关于自由结社与集体谈判权,国际劳工组织承认工人应当享有受法律保护的自由结社权和集体谈判权,也在努力迫使作为雇佣方的企业必须给予工人这两个方面的相应权利(袁帅,2011:108)。目前,虽然中国的相关立法赋予了劳动者享有自由结社与集体谈判的权利,但决定以上两种权利能够切实实现的中国工会制度却存在诸多的内在缺陷,基于此,中国工会制度的改革势在必行。从工会去行政化开始,通过合理的制度设计,明确工会的职能与义务,使工会在劳资纠纷中能够充分发挥作用。此外还有罢工权的设定。关于禁止强迫劳动,中国多年来一直实行的劳教制度已于 2013 年被正式废止,解决了多年以来中国在禁止强迫劳动这一问题中面临的最大困难,这可以认为是中国对国际劳工组织中关于废除强迫劳动这一公约的回应。

### 2. 完善外派劳工的法律保护

外派劳工是通过涉外的劳务派遣产生的,是目前我国企业"走出去"的主要形式,涉及的人员众多,所以对其法律保护有着独特之处。中国要想实现外派劳工权益的保护,防范外派劳工与当地雇主之间产生劳资关系风险,完备的外派劳工立法成为必需。外派劳工作为全球化下一个新的劳工问题,具有跨国性的特点,既涉及不同国家的法律管辖权问题,也涉及不同法律的适用问题。外派劳工立法既包括国际立法,也包括国内立法,同时还有国家间的法律和司法合作问题,但目前这些法律很不健全(常凯,2011:41)。

在 2012 年之前,中国还没有一部关于海外派遣劳动者的法律,而《对外劳务合作管理条例》的出台改变了这一现状,该条例是规范对外劳务合作、保障劳务人员的合法权益的规范性文件。《对外劳务合作管理条例》规定,要通过不同类型的合同来明确对外劳务合作企业、外派劳工、国外雇主三方相互之间的权利义务关系,而且明确合同的必备条款,包括外派劳工的工作内容、工作时间、劳动报酬、福利待遇、社会保险、劳动条件、劳动保护、雇主解雇的经济补偿、发生突发事件对外派劳工的协助等内容,并通过民事责任、行政责任、刑事责任的设定,来保障外派劳务人员的合法权益的实现。此外,其中关于对外劳务合作风险处置备用金、对外劳务合作企业承担连带责任等制度的设定,强化了对外劳务合作企业在国外雇主侵犯外派劳工合法权益时所负有的责任。虽然《对外劳务合作管理条例》作为国内法,调整的对象主要是作为中国企业"走出去"主体之一的对外劳务合作企业的行为,但它的出台对于防范和处理国外雇主和外派劳工之间的劳资关系风险有着不容忽视的作用。

中国目前对外派劳工的法律保护,呈现出几个比较鲜明的特点:在保护机制方面,重政治外交机制,轻法律机制;在保护理念方面,重"劳务"轻"劳权";在保护规范方面,重部门规章轻法律法规(孙国平,2013:58—60)。据此,为了更好地防范外派劳工与当地雇主之间的劳资关系风险,中国外派劳工法律保护的完善可从以下几方面展开。

从立法思路上,目前可行的选择有三种。一是可通过整合目前涉及外派劳工保护的零散部门规章及行政法规,制定专门的《外派劳工保护法》,赋予其较高的法律效力位阶,改变低层次、相冲突的立法现状。明晰立法目的、具体制度安排、与相关法律的适用关系等问题。二是通过修改现有的《中华人民共和国劳动法》,增加有关涉外劳动关系的内容,作为特殊规定存在。内容囊括界定涉外劳动关系及涉外劳动管辖,规定涉外劳动合同签订、劳动法的域外效力、涉外权利救济、外派劳工的社会保障等内容。同时,在修改时需要注意妥善处理劳动法中强制性规范、任意性规范与国际劳务标准及双边劳务协定的关系,处理好三个层面的融合,争取把劳动法作为沟通国内法与外国法的纽带(王辉,2015:48)。《劳动法》作为我国劳动领域的基本法,实施多年从未修改,已经不适用于对劳动力市场的调整需要,在此可以此为契机实现法律的与时俱进。三是,在现有的《劳动合同法》关于劳务派遣的规定中加入涉外劳务派遣的内容。因涉外劳务派遣与劳务派遣相比的区别仅在于直接雇佣者为国外雇主,现有的相关制度安排完全可以适用于涉外劳务派遣,仅对其中的涉外部分进行细化规定。以上三种立法思路都各有利弊,该如何选择,有赖于对立法条件的判断及立法技术的发展。

从立法内容上看,应更为关注对外派劳工"劳权"的保护。涉外劳务派遣制度衍生于 20 世纪七八十年代以对外承包工程项目、援外项目为内容的对外劳务合作。商务部主管的管理体制一直延续至今,具有浓厚的行政管理色彩。随着中国企业"走出去"战略的推进,涉外劳务派遣的市场化程度日益加深,需要更为健全的法律规制。要想实现这一目的,最为重要的就是明确涉外劳务派遣的劳动关系属性,赋予外派劳工以劳动者的地位,从劳动权的角度对外派劳工予以保护。劳动关系所具有的从属性意味着国家公权力可对外派劳工予以倾斜保护,同时,劳动关系的建立将对外劳务合作企业与外派劳工之间紧密联系在一起,使得对外劳务合作企业能够真正关心外派劳工的生存状态和内心需求。以此为依据,全面规范和取缔不与外派员工建立劳动关系的对外劳务合作企业,才能与劳动立法的域外效力发生对接,域外的劳资纠纷才能通过劳动争议的处置方式予以处理。《对外劳务合作管理条例》在制定时也回应了这一问题,但并没有将此关系仅仅确定为劳动关系,劳务关系也是可能的选择,选择的权利则掌握在对外劳务合作企业手中。但它表达了一种趋势和立法态度,期待在将来的立法中予以矫正。

从法律适用上看,涉外劳务派遣的涉外性,决定了若想对我国外派劳工的劳动权益实施保护,明确我国相关劳动立法的域外法律适用的冲突法救济方式。目前来看,可行的做法是运用《涉外民事关系法律适用法》中第41条、第43条及第8条的规定,来援引《劳动法》《劳动合同法》等劳动法律法规。虽然对于涉外劳动关系方面,由于我国劳动法目前缺乏域外效力之规定,外派劳工之涉外劳动纠纷是否能以劳动争议得到劳动仲裁委受理是大有问题的,对其所能提供的法律保护也是有限的(孙国平,2013:65)。当然,随着立法的完善,这一问题会得到解决。此外,通过与劳务输入国签订的双边或多边投资协定,可约定冲突法规范的法律效力,来畅通劳资纠纷解决的各国准据法适用通道。

## 4.2 企业层面劳资关系风险的防范与处理

中国企业"走出去",企业无疑是"走出去"的主体。不同于国家层面的劳资关系风险的防范与处理机制从宏观调整的角度着眼,企业层面的"走出去"应从微观防范入手,主要构建更具操作性和体系化的劳资关系风险应对策略。

### 4.2.1　劳资关系风险的规避

1. 人力资源尽职调查与法律调查

中国企业在实施"走出去"战略构想的过程中会因没有合理应对劳资关系风险而收益受损甚至投资失败,其中的首要原因即缺乏对投资东道国的劳资状况、劳动法律政策以及劳资人文环境的了解,盲目地通过独资、合资、并购的方式走进东道国的劳动力市场,从而丧失了有目的地规避劳资风险的机会。风险规避作为应对风险的一种有效方法,企业可通过改变项目计划来消除特定风险,是一种化被动为主动的风险应对策略。在此,可借鉴跨国并购中的人力资源尽职调查与法律尽职调查制度来共同实现劳资关系风险的规避。人力资源尽职调查是跨国企业经营的过程中,识别当地劳动关系和就业环境、目标企业人才管理和组织融合等方面风险的重要手段,随着全球人才管理、就业与劳动关系风险的不断加强,人力资源尽职调查应该和业务、财务、法律尽职调查同步进行①,主要涉及东道国以下几个方面的问题。

(1) 东道国劳资关系的现状。对东道国劳资关系现状的尽职调查,可围绕劳资纠纷的基本情况、劳资纠纷的原因、劳资纠纷的处理等内容展开,通过相关调查数据的分析,一方面,企业可以基本了解东道国及其各地区劳资关系状况相对而言是稳定的,还是冲突剧烈的,从而能够有的放矢地做出投资目的地的战略选择,规避冲突不断的地区,选择相对稳定的地区。当初海尔集团到美国投资建厂选择南卡罗来纳州,一个重要因素是该州是全美劳资关系最稳定的州之一,因劳资纠纷引起的停工率在美国也处于最低水平(袁庆宏,2007:38)。另一方面,企业也可掌握引起东道国劳资纠纷的主要因素,是薪酬福利,还是劳动保护,抑或是其他。只有充分了解东道国员工的需求,企业在制定投资战略及内部管理机制时才会更为周全,从而降低或消除潜在的劳资关系风险。

同时,要注意从全球范围看,各国的劳资关系呈现出动态变动的特点,因为国

---

① 《"走出去"企业处理劳资关系十大原则》,http://www.tisino.com/cn/investmentguide/20141202/MTQXNZUWODYZMDM.html.

家政治、经济、法律环境的变动都可能不同程度地打破原有的劳资关系平衡,并对外商投资规模产生影响。我国以往的外商投资情况就证实了这一规律性。受国际金融危机、原材料上涨、人民币升值、"两税合一"及《劳动合同法》正式实施等因素的共同影响,2008 年劳资争议案件数猛增至 693 465 件,比 2006 年增加了 1.19 倍,与之对应的是,2009 年上半年,中国实际使用外资同比下降 17.9%,新批准设立外商投资企业与合同外资同比分别下降 28.4% 和 25.1%。2009 年 1—5 月,规模以上工业企业中的外商投资企业净利润下降 22.4%,外资企业撤资、减资现象呈上升趋势(李向民、邱立成,2010:51)。这就决定了企业进行投资风险调查评估时,要充分了解东道国目前的政治、经济、法律环境是否有异常因素的介入而有可能导致劳资关系紧张。

(2) 东道国的劳工文化。劳资关系具有历史传承的复杂性,各个国家现在呈现出的劳资关系现状的形成不是一蹴而就的,而是不同文化潜移默化作用的产物,所以文化也是产生劳资关系差异的一个重要因素,换言之,文化的冲突是劳资冲突的主要原因。劳工文化尽职调查就是试图通过对东道国劳动立法、劳动争议处理机制、企业雇佣模式、人力资源管理等调查来深刻剖析东道国劳工文化的特点。如在劳资关系的处理上,北美鼓励个人主义和高绩效;欧洲则偏重于强调社会责任;日本强调忠诚和"以厂为家",实行终身雇用制度、年功序列的工资制度、考核评分制度和职工持股的利益共享制度,将年龄和为公司服务时间的长短作为薪酬的主要决定因素。而在韩国企业和我国大量港台地区的企业中,则比较盛行"家长制",强调绝对服从(李向民、任宇石,2007:50)。中国的劳工文化与东道国可能有相似之处,也可能大相径庭,但企业要实现走出去的战略部署,首先要有的意识就是要实现文化的融合。特别是在跨国并购中,对当地文化的了解与尊重,进而吸收与采纳,有时甚至会决定并购成功与否。因此,以明晰各国劳工文化的特点为前提,中国企业才能以当地文化与风俗习惯为基点来制定和完善企业的跨国经营管理机制,从制度上防范劳资风险的发生。

(3) 东道国的薪酬福利制度。薪酬福利作为影响劳资关系的主要因素,也是人力资源尽职调查的主要内容。薪酬福利调查重点涉及东道国同类行业的整体薪资水平及福利水平、当地最低工资标准、薪酬激励模式、社会保险的缴纳情况、工资的拖欠情况、加班费的支付情况等,据此企业可在投资的洽谈阶段就制订合理的薪酬福利计划,有效减少来自目标企业员工的投资阻力。如在发展中国家,员工可能更为关注基本工资水平,而发达国家的员工则对薪酬激励模式更为在意。

（4）东道国的工会制度。工会在劳资关系的协调中扮演着非常重要的作用,中国企业在走出去的过程中会面临巨大的劳资关系风险,其中不容回避的原因就在于中国企业不能很好地处理与东道国工会的关系,甚至忽略工会在调整劳资关系中的作用。中国企业要转变以往对于工会偏颇认识,重视工会的功能。通常情况下,不同国家的工会结构和覆盖率呈现较大的差异,美国拥有行业工会、产业工会、白领工会和大型企业工会,其工会覆盖率最低为17%;而很多欧洲国家一般比较注重工会的参与,工会覆盖率较高,并拥有比美国工会更强大的政治力量。当员工与工会交涉的时候,其实是在间接地与政府交涉。工会通常与某个政党结盟。在谈判过程中,公司通常与代表特定行业的工会联盟进行全国性的协议谈判,员工有强烈的加入工会的倾向,又如日本只有企业层面的工会,集体谈判制度也因此在企业一级进行,大企业参加谈判的工会干部都是本企业职工,部分中小企业则由上级工会委派干部参加（李向民、任宇石,2007:49）。因此,尽职调查应关注工会结构、覆盖率、工会的运作模式、工会在调整劳资关系中的作用、工会在员工中的影响力等内容。中国企业要对处理好与东道国工会的关系,对劳资关系平衡的重要作用有着清晰的认识。

（5）东道国劳动相关政策法规。中国企业选择对外投资就意味着要遵循东道国劳动法律行事,接受东道国劳动政策法规的规制。不仅雇用的当地员工要按此行事,《商务部关于加强对外投资合作在外人员分类管理工作的通知》还规定,对外投资合作企业应当遵守国内外有关劳动用工的法律规定,落实外派人员的劳动关系。对此要调查的事项主要包括但不限于东道国劳动关系的建立与解除、劳动基准、劳动保护、劳动争议解决机制、集体谈判制度等涉及雇主与员工权利与义务的法律规定。例如,西方发达国家的法律重视保护消费者和劳工的权益,在保障员工就业、解聘员工补偿等方面都有严格的规定。

2. 制定劳资风险发生后的处理预案

劳资关系纠纷事件不仅关系到企业自身跨国投资的成败,若劳资纠纷发展成为群体性事件,会产生不良的国际影响,甚至会降低中国企业"走出去"的整体形象,基于此,中国企业要重视劳资关系风险的防范与处置,通过管控预案的设置,既能防患于未然,事后又能妥善处置。

(1)企业的法务等部门要时刻关注东道国劳动相关政策法规的变动,时刻掌握最新发展的动态,并据此调整企业自身的雇佣政策。

(2)建立对外投资劳资关系风险预防机制。一方面,企业应定期审查企业的劳资关系状态,及时发现异常情况,并采取必要的措施消除隐患;另一方面,保证企业有专门的部门处理员工的投诉,并保持投诉渠道的畅通性和独立性。同时,对于员工的投诉要及时予以回馈,避免因置之不理而导致事态恶化。

(3)建立对外投资劳资关系纠纷处理程序。

① 劳资纠纷发生后,企业的驻外管理部门应及时、全面了解纠纷的状况,第一时间向东道国大使馆、经参处和公司总部汇报。

② 通过有诚意的沟通与交流,尽可能平息员工的不满,必要时可请求中国大使馆或者东道国当地政府出面,平息事端。

③ 深入研究国家参与签订的各种国际投资协定,在企业发生劳资风险后,积极寻求国家劳资主管部门和相关国际机构的帮助。

若劳资纠纷激化,可寻求司法方式予以解决。

## 4.2.2 劳资关系风险的内部防范

中国企业"走出去"呈现着动态而复杂的过程。面对基于不同的投资环境、政策法规、社会文化、劳工结构等原因而产生劳资关系风险,防范与处理的关键在于企业如何与东道国相关政府机构、工会组织、企业雇员等相关方进行有效沟通(徐旻,2011:76)。企业社会责任以其对雇员、环保、当地社区利益等问题的关注,互利共赢理念的树立,成为企业在对外投资中化解各种风险的有效方式。在此我们以人力资源尽职调查和法律尽职调查为基础,以企业社会责任的践行为路径,以相融之道来构建劳资关系风险的内部防范机制。

1. 企业文化的融合

我国企业"走出去"战略历经多年的实践与发展,已经逐步从主要投资承包工程、生产制造和资源开发等劳动密集型为主的中低端行业向服务与技术创新等高端行业转移,劳资关系风险日益加剧。为实现长期跨国经营的目的,"站稳脚跟"及"融入当地"的问题不容回避,而其中文化的融合是首要问题。对此,首先中国企业在企业运营过程中要对两国之间的文化差异有清晰的认识。中国企业与东道国的语言、宗教信仰、风俗习惯和价值取向以及由此而形成的商业文化都存在差异。舍勒(1994)对德语国家在中国的合资企业经营过程中文化冲突的研究中,列举了中国文化与欧洲文化之间的差别导致的企业内部冲突的七个方面,即自我认识、与环境的关系、社会价值结构、人际关系、个人贡献的定义、时间观念和空间观念。深刻剖析这些冲突即可发现,文化的差异性是劳资关系风险产生的内在原因。

其次,要采用合理的沟通方式来寻求企业自身文化与东道国本土文化之间的整合与平衡。在保有自身核心经营理念的前提下,以积极的态度,主动吸收、接纳、适应本土文化,而企业社会责任的践行是可行的相融之道。要认识到对劳资关系风险的防范不应仅仅局限于解决劳工问题,"头痛医头、脚痛医脚"的做法并不能从根本上解决问题。企业社会责任所体现的对社区利益的关注、对环境的保护,都可对劳资关系的解决产生裨益。在中国,就有很多的跨国公司通过积极履行社会责任的方式来提升其在中国大众中的企业形象,为其构建和谐的劳资关系打下了良好的基础。

再次,中国企业要在管理中通过相关制度的设立,将企业文化的融合落实到企业管理体系之中。无论是企业规章制度的制定,还是日常的管理,都应体现对东道国文化、风俗习惯的尊重。

### 2. 组织的融合

中国企业在跨国经营中要实现与东道国工会组织的完美融合,转变工会组织在劳资关系中不和谐因素的地位,而是发挥工会组织在防范劳资关系风险中的作用。在对东道国工会制度前期调查的指引之下,中国企业应从以下几个方面来实现组织的融合:首先,承认跨国企业员工享有平等的结社权,承认合法成立的工会组织的地位,尊重任何员工自由选择成为工会组织一员的权利;其次,通过与工会进行有诚意的谈判,建立集体劳动合同,就劳动时间、劳动条件、薪酬福利等雇佣条件达成一致;再次,在劳资关系存续期间,企业要强化与工会组织的沟通与联系,谨慎地做出变更雇佣条件、解雇员工等行为;最后,一旦发生劳资纠纷,企业要能够与工会展开平等而有效率的谈判,寻求双方可接受的条件来解决纠纷。

### 3. 人才结构的融合

中国企业在全球运营中,出于对自身就业和劳动权益保护的担忧,当地工会和劳动者会对外来投资者予以排斥,尤其是在跨国并购中,如何合理安排企业的员工构成,有时会成为决定跨国投资成败的关键,更是企业所应具有的跨国整合运营这一软实力的一种彰显。美国通用收购韩国大宇汽车即是一个值得借鉴的成功案例,在收购之初,美国通用也遇到韩国社会舆论和大宇工会的强烈抵制,但通用在收购谈判期间始终坚持将重组企业管理层和解雇 4 000 名韩国工人明确写入协议,说明必须裁员的原因,并承诺公司情况好转后会重新聘用员工。结果,2006 年3 月,曾经被通用裁减的 1 725 名员工重新获得聘用。当然,通用大宇成功的一个最重要因素是美国通用处于全球汽车行业的龙头地位。跨国整合运作的经验和见识方面的软实力,正是我国企业"走出去"过程中最欠缺的(袁庆宏,2007:39)。

要想在人才结构方面提升中国企业"走出去"的整合能力,应遵循如下原则。其一,企业在投资之初就要基于企业的跨国经营战略确定自己人才结构、员工需求及招聘战略,并予以坚决推行,当然要有合理依据。其二,企业要推行人才结构的本土化策略,尽可能地雇用当地人员,为当地提供更多地就业机会。现在国际上通行的做法是国与国之间通过劳工配额制度来约定东道国雇用外籍劳工的数额,以此来变相规制跨国公司对当地员工的雇用数量。而打破劳工配额的束缚,跨国公司经营管理的本土化趋势已不可避免。以中铝秘鲁特罗莫克铜矿开发项目为例。在实施矿产资源开发过程中,中铝实行雇员的属地化经营,在项目的 310 余名员工中,98%以上为秘鲁当地居民。这种做法兼顾了经济发展的多个方面,达到了双赢的局面。对于当地人民来说,居住条件及生活条件得到了极大的改善。而对企业来说,通过利益相关方的有效沟通,满足他们的现实诉求,大大降低了劳资关系风险的发生,中铝很快融入当地社区,从而成功开发了一个新的市场(赵钧等,2012:24)。其三,要注重员工培训项目的展开。针对不同层次的员工,提供有针对性的培训计划是有效的选择。如对技术人员的培训应侧重对技术水平的提升,而对管理人员则偏重于人力资源方面的培训。因为通常意义上企业社会责任的最高层次即应为当地产业结构优化、当地技术进步做出贡献(徐旻,2011:77)。要使东道国国民认识到中国企业给当地带来的不仅是经济上收入的增加,更为重要的是对当地劳动力素质的提升。其四,要注重不同国家员工之间的合作。如何使高素质的员工高效率地完成工作任务,是对企业管理层的考验。

4. 员工薪酬福利的融合

从经济运行规律来看,中国企业"走出去"是以全球范围的成本最小化为目标,而员工追求的则是薪酬收入的最大化,在全球劳动力成本不断上升的今天,两者之间的冲突呈现不断加剧的态势。在赞比亚科蓝煤矿,中方管理者与当地的煤矿工人之间就因工资问题发生过多次激烈冲突(于萌,2012)。员工薪酬与福利的调整不应简单地依据企业经济效益的高低而定,还要注意以下几个问题:

首先,企业的薪酬体系以及福利项目的设定,具体到奖励计划的选择,都需符合东道国国家的政策法规。如卡塔尔的劳动法规定,劳务人员人均居住面积必须在 5 平方米以上,居住地必须配备空调、消防报警系统等。劳工部还会不定期派人到项目营地进行暗访,发现问题就会冻结企业的签证名额,并处以罚款(中国出口信用保险资信评估中心,2015:108)。这需要中国企业打破自身受国内法规定的制约,通过充分的人力资源尽职调查得以知悉,并切实实行。

其次,要注意的是中国企业和东道国薪酬福利制度不同背后所蕴含的文化与风俗习惯的差异性。不是每一种看似员工受益的薪酬福利调整在任何国家都会受到欢迎。比较典型的案例是 IBM。其试图建立一种全球性的红利机制,这将减少每月的固定工资,增加弹性工资,结果受到瑞典工会的强烈抵制(李向民、任宇石,2007:48)。虽然从企业跨国经营的角度考量,全球统一的薪酬福利安排更为符合企业经营战略的实现,但可能需要通过谈判协商等方式为东道国工会或员工接受。

再次,要区分不同的国家和地区,采用侧重点不同的薪酬福利结构。发达国家有着成熟的人力资源管理模式,相比于固定工资,员工可能更偏好弹性工资,同时股权激励机制在发达国家也更有着适用的土壤;而发展中国家,却似乎呈现着与此相反的状况。

最后,不同员工之间薪酬福利水平应有所差异。对于普通员工,要为其提供至少能够满足其个人及家庭生活所必须的基本需求,而对于处于核心岗位的员工,则应提供更为优越的薪酬福利待遇、晋升通道,及更多地参与公司治理的权利与机会。

### 4.2.3 劳资关系风险的处理

1. 劳资关系风险的处理机制

当劳资关系风险发生的,中国企业可用如下机制处理。

首先,企业应以"三方协商"为机制,及时与东道国政府及作为员工代表的工会取得联系,进行有效的沟通,相关的协商与谈判预期达到两个目的。一是可借助东道国政府和工会的介入,来安抚当地员工,防止劳资纠纷所引起的群体性事件事态的继续扩大。二是通过东道国政府和工会的斡旋,劳资双方能够做出相应妥协,进而达成双方都可接受的解决方案,使劳资关系风险消散。

其次,当通过协商与谈判不能解决劳资双方的冲突之时,劳资双方可按双方签订的有效劳动合同或集体劳动合同中约定的争议处理方式,予以处理。

再次,当中国企业与当地员工之间签订的劳动合同中,没有约定相关的争议处理条款时,若该东道国与中国之间存在涉及劳工保护条款的双边或多边投资协定,则中国企业可按该投资协定中双方都接受的争端解决机制来处置。基于用尽当地救济原则,通常情况下可通过当地的司法机关介入来解决纠纷,在这一过程中,企业在遵守东道国相关法律的前提下要注意对自身合法权益的保护,充分行使自己的诉讼权利。当然,在没有相关双边或多边投资协定下,劳资双方也可寻求东道国当地司法机关的介入来解决劳资争端。

2. 建立劳资关系风险的跟踪评价机制

中国企业在对外投资中发生劳资关系风险后,企业的人力资源及法务等部门要及时跟踪劳资关系风险的处理进程与结果,并通过撰写劳资关系风险控制报告的方式来实现跟踪评价的目的。报告完成后提交给企业的相关风险管控部门。劳资关系风险控制报告主要涉及如下内容。

(1) 企业劳资关系风险发生的背景及原因。通过发生背景与原因的归类,企业可在合理范围内适当地调整自身的各项雇佣政策,以达到防范类似劳资关系风险发生的目的。

(2) 企业在应对劳资关系风险的各项措施与效果及可检讨之处。如此可保证在下次发生相类似的劳资关系风险时能做出更为妥善的处理。其既可节约处理成本,又可得到更好的处理效果。

（3）企业所遭遇的劳资关系风险对其对外投资绩效的影响。通过相关不利影响的量化,引起企业对防范劳资关系风险的重视,激发企业增加对相关防范措施的投入。

在建构中国企业"走出去"劳资关系风险的防范与处理机制时,国家层面和企业层面的措施缺一不可,二者共同作用才能使中国企业在"走出去"过程中更好地处理劳资关系。

# 第 5 章
# 中国企业"走出去"社会保险合作机制研究

改革开放战略实施 30 多年来,中国企业"走出去"规模逐渐扩大,越来越多的中国劳动者选择去海外工作。特别是近两年来"一带一路"战略成为我国在改革转型关键期实施的新的国家战略,表明中国进一步扩大开放的决心,意味着我国将在更大范围、更高水平、更深层次上开展国际区域合作,人才和劳动力资本加速在全球范围内流动。在这样的历史机遇和时代背景下,势必会有更多的劳动者奔赴海外。

如今,中国海外劳工已成为我国乃至世界不可忽视的庞大就业群体。在未来,随着我国改革开放深化和产业结构升级,赴外工作的劳动力数量和分布结构将会发生一系列的变革,劳动力在国家间流动所带来的摩擦和冲突也会随之增加。特别是对于劳动力的跨国流动,如何保证这些赴外劳工享受到社会保障的合法权益,且其所享受到的权益与做出的贡献能否对等,以及怎样用合理的方法调解不同国家间劳动和社会保障法律法规的差异和矛盾,这些问题都需要我们积极地去应对和解决。

## 5.1 中国社会保险合作机制发展和内容

社会保障互免协定最早始于欧盟成员国之间,主要是为了保障跨国劳动者的社会保障权益。劳动者在流动的过程中,由于各国社会保障制度存在差异,往往同时被两个国家的社会保障制度覆盖,存在双重缴费现象。目前,我国已与德国、韩国、丹麦、加拿大、芬兰、瑞士签订了社会保障互免协定,这些协定的签订不仅使跨国劳动者避免了双重缴费,也使企业降低了用工成本,增加了企业的竞争力,更重要的是,在一定程度上抑制了社保基金的外流。

## 5.1.1　中国社会保险合作的发展

对于赴外劳动者来说,在劳动和社会保障问题上,社会保险不仅是为其提供基本社会保障的重要机制,也是劳动力成本的重要组成部分。《贝弗里奇报告——社会保险和相关服务》中这样评价社会保险的重要性:"社会保险将成为影响劳动力流动的一个重要因素。假设人们为找到用武之地从一个国家移到另一个国家再次成为可能,那么,人们就会渴望各国之间在社会保险方面制定互惠的安排以促进这种流动。"双边社保互免协定就是这样一种互惠制度,这类协定通过免除跨国劳动者全部或部分社会保险费,避免其在本国和工作国重复缴纳社会保险费,以对等的条件为协定国双方的互派劳动者提供社保保障。目前,我国已与 6 个国家签署了双边社保互免协定并生效。

表 5.1　六个协议国的年末在外劳务人员数

| 年份 | 德 国 | | 韩 国 | | 丹 麦 | | 芬 兰 | | 加拿大 | | 瑞 士 | | 全球在外劳务人员人数 | 六国占比(%) |
| | 人数 | 比重(%) | 人数 | 比重(%) | 人数 | 比重(%) | 人数 | 比重(%) | 人数 | 比重(%) | 人数 | 比重(%) | | |
| --- | --- | --- | --- | --- | --- | --- | --- | --- | --- | --- | --- | --- | --- | --- |
| 2013 | 3 296 | 0.40 | 12 779 | 1.50 | 59 | 0.00 | 2 | 0.00 | 678 | 0.10 | 25 | 0.00 | 85.3 万 | 2.00 |
| 2012 | 5 308 | 0.60 | 26 939 | 3.20 | 57 | 0.00 | 39 | 0.00 | 250 | 0.00 | 148 | 0.02 | 85 万 | 3.82 |
| 2011 | 5 315 | 0.70 | 41 071 | 5.10 | 7 | 0.00 | 43 | 0.00 | 600 | 0.10 | 128 | 0.02 | 81.2 万 | 5.92 |
| 2010 | 5 194 | 0.61 | 38 926 | 4.60 | 127 | 0.02 | 173 | 0.02 | 645 | 0.08 | 113 | 0.01 | 84.7 万 | 5.34 |
| 2009 | 4 785 | 0.62 | 37 220 | 4.79 | 65 | 0.01 | 173 | 0.02 | 954 | 0.12 | 289 | 0.04 | 77.7 万 | 5.60 |
| 2008 | 4 449 | 0.60 | 39 651 | 5.37 | 135 | 0.02 | 154 | 0.02 | 1 036 | 0.14 | 104 | 0.01 | 73.9 万 | 6.16 |
| 2007 | 5 424 | 0.73 | 57 067 | 7.70 | 33 | 0.00 | 106 | 0.01 | 1 029 | 0.14 | 42 | 0.01 | 74.1 万 | 8.60 |

资料来源:根据 2007—2014 年《中国统计年鉴》整理(http://www.stats.gov.cn/tjsj/ndsj/)。

表 5.1 所列德国、韩国、丹麦、芬兰、加拿大和瑞士六国是按照时间先后排序，已经与我国签署了双边社保互免协定的所有国家。从综合发展程度来看，这六国都是发达国家。从地理分布来看，六国中有四个欧洲国家，分别是德国、瑞士、丹麦和芬兰；一个北美国家，加拿大；一个亚洲国家，韩国。这些国家的社会保障制度都较为完善。

如表 5.1 所示，我们发现在六国之中，我国在韩国的对外劳工输出数量最多，2007 年有 57 067 人，近两年来虽然人数大幅减少，但人数最少的 2013 年依然超过万人，远远超过在其他五国的劳工数量。即使如此，在 2013 年末，我国在韩国的劳工数量也只占我国在全球对外劳工数量的 1.5%，特别是在 2011 年以后，韩国所占比重出现了较大幅度的减少，在全球劳工人数增长幅度不大的背景下，这一变化表明我国对外劳工选择在韩国就业的人数逐渐减少而去世界其他国家和地区就业的人数增多，中国对外劳动力在世界范围内的分布结构正发生着改变。

除了韩国以外，我国赴德国工作的劳工数量较多，每年都达到数千人（见表 5.1）。去其他四个国家的劳工较少，特别是在丹麦、芬兰和瑞士这三个欧洲国家的中国劳工，在某些年份数量甚至少到只有个位数。这一现象表明赴外劳工人数上的差异和相对国的国土规模以及人口规模的差异是分不开的。韩国、德国虽然国土面积不大，但人口规模不小，海外劳工也较多。丹麦、芬兰和瑞士不仅国土面积不大，人口也较少，故而海外劳工数量很少。而加拿大虽然国土面积很大，但是人口相对较少，所以在加拿大的中国海外劳工也不会很多。

表 5.1 显示了 2007 年至 2013 年每年年末，我国在这六个国家对外劳工数量之和占我国当年在全球范围内所有在外劳工数量的比例。可以看出，虽然近年来我国向全世界输出的对外劳工数量由 2007 年的 74 万人增长至 2013 年的 85 万人，总体呈上升趋势，但是，已签协议的六国所占比重除了 2011 年相较 2010 年小幅上升外，其余年份都逐年减少，由 2007 年的 8.6% 减少到了 2013 年的 2%，总体呈下降趋势。

## 5.1.2　中国社会保险合作机制内容

本书主要就中国与德国、韩国、丹麦三个国家所签订的社保协定分别做出比较,以探究这些协定内容间的区别及联系。三个协定的主要内容都涉及协定签订时间、免除人员范围、免除期限、免除险种、办理程序及主管机构。

1. 中德社会保险合作机制

中德双边社保互免协定签订于 2001 年 7 月 12 日,全称为《中华人民共和国与德意志联邦共和国社会保险协定》(简称《中德协定》),于 2002 年 4 月 4 日起正式生效。中德双边社保互免协定主要在养老保险和失业保险缴费方面做出了互免规定,并未对医疗保险的免除做出相关规定。《中德协定》在双方免除人员类别和期限方面,养老保险和失业保险做出了比较一致的规定,人员类别主要有三类,即雇员、非雇员以及外交雇员。

根据协定规定,中方在德国雇员可大致分为三类:中资公司、企事业等单位派驻德国办事处、联络机构的工作人员(简称派遣人员);中资公司、企事业等单位在德国子公司的工作人员(简称子公司人员);船员,即中方在航海船舶上工作的受雇人员。非雇员即在中国国内无雇主人员。外交雇员指中国驻德外交机构及其工作人员雇用的中方人员。

中方人员在德国的免缴期限对于不同类别人群的规定不同。对于雇员和非雇员首次最长申请免除缴费期限可达 5 年,此处要注意派遣人员在被派往德国工作的头四年内自动免除缴费义务,但仍须申请并持经办机构出具的证明。如工作需要,经批准后免除期限总共可延长至 8 年。在特殊的个案情况下可超过 8 年的期限,予以最后一次免除期限的延长。对于外交雇员的免缴期限没有限制,本协定不影响 1961 年 4 月 18 日《维也纳外交关系公约》或 1963 年 4 月 24 日《维也纳领事关系公约》所涉及的人员。

德方在中国的免除缴两费的人员与中方适用人员类同,免除期限也与中方适用期限类同。

对于不符合上述条件的在中国境内工作的德籍人员,比如超过免缴期限或不在免除人员范围的,均按《在中国境内就业的外国人参加社会保障暂行办法》条例执行,依法参加职工基本养老保险、职工基本医疗保险、工伤保险、失业保险和生育保险,由用人单位和本人按照规定缴纳社会保险费。

对于不符合上述条件的在德境内工作的外籍人员,均按德国当地的有关条例缴纳社会保险金。德国社会保险由养老保险、失业保险、医疗保险、护理保险和工伤事故保险五个险种组成。德政府每年发布计算保费的封顶线及基数线,对于月工资低于基数线的雇员,其雇主必须承担全部五项保险的保费。养老、失业、医疗和护理四项保险费由雇主和雇员各承担 50%,雇员应缴的保费从本人工资中抽取,每人应缴纳的保费金额视其毛工资总额而定。养老保险平均缴费率为 19.9%;失业保险费率由联邦政府根据当年实际情况确定,2007 年费率为 3.5%;医疗保险缴费率为 14%—15%,各保险公司缴费比例不尽相同,但平均在 14.3%左右;护理保险缴费率为 1.7%;工伤事故保险费由雇主全额承担,保险费率为雇员月毛工资的 1%—5%不等,依据各行业发生事故的风险概率不同而各异(姚玲珍,2011)。

另外需要注意的是,只有在国内按规定参加基本养老保险和失业保险,并按时足额缴纳保险费的人员,才可办理申请免除。中德双边社保互免协定未将医疗、护理和工伤事故保险列入互免范围,主要是从保护驻外员工的实际利益出发,员工仍需在就业地点参加医疗、护理和工伤事故保险并享受相应的待遇。

2. 中韩社会保险合作机制

中韩两国政府于 2003 年 2 月 28 日正式签署了《中华人民共和国与大韩民国互免养老保险缴费临时措施协议》(下称《协议》),2003 年 4 月 4 日,两国又签署了《中华人民共和国劳动和社会保障部与大韩民国保健与福祉部关于〈互免养老保险缴费临时措施协定〉的行政协定》,双方商定,《协议》于 2003 年 5 月 23 日正式生效。而在 2012 年 12 月 26 日,两国有关机构又签署了《关于实施中华人民共和国政府和大韩民国政府社会保险协定的行政协议》(下称《协定》)和《关于实施中华人民共和国政府和大韩民国政府社会保险协定议定书的谅解备忘录》(下称《议定书》)。双方商定,《协定》和《议定书》于 2013 年 1 月 16 日正式生效。2003 年的《协议》主要免除了双方养老保险费的缴纳;2012 年的《协定》则更明确细致地规定了免除险种:中国为城镇职工基本养老保险、新型农村社会养老保险、城镇居民社会养老保险、失业保险,韩国为国民年金、政府公务员年金、私立学校教职员工年金、雇佣保险。一同签订的《议定书》中则暂时性地免除了韩方人员 2014 年职工基本医疗保险费的缴纳。

2003 年的《协议》中规定中方适用免除在韩缴纳养老保险费的人员:国内企业等单位派遣到韩国的公司或机构(包括该单位的分公司、附属公司或分支机构)的工作人员;在中国拥有永久住所,临时在韩国居留的自雇人员。韩方适用免除人员与中方类同。

2012 年的《协定》中规定中方适用免除在韩缴纳社会保险费的人员：

(1) 派遣人员。指国内企业等单位派遣到该单位在韩国设立的公司或机构（包括该单位的分公司、附属公司或分支机构）的已在国内参保工作人员。

(2) 短期就业人员。指中方在韩国被有经营场所的雇主雇用，且雇用期限不超过 5 年的已在国内参保人员。

(3) 自雇人员和投资者。指中方在韩国临时从事自雇活动和依法注册投资外商独资或合资企业并在韩国居住、在该外商独资企业或合资企业中任职的已在国内参保人员。

(4) 在航海船舶和航空器上受雇人员。指在悬挂中国船旗的航海船舶上的受雇人员及通常居住在中国领土上、在船旗为韩国的航海船舶上的受雇人员，受雇企业总部在中国的航空器上受雇的管理人员或机组成员。

(5) 外交和领事机构人员。指中国驻韩国外交机构及其工作人员雇用的中方人员（简称外交雇员）。

(6) 政府或公共机构受雇人员。指受雇于中国中央政府、地方政府或其他公共机构被派到韩国工作的人员。

韩方适用免除在华缴纳社会保险费的人员与中方适用人员的条件类同。

对于免除期限的规定，《协定》则规定派遣人员首次可申请免除缴费期限最长为 5 年。如工作需要，经批准后免除期限可延至 10 年。在特殊情况下，经批准予以最后一次免除期限的延长，最长不得超过 3 年。短期就业人员免除期限最长为 5 年。中韩双方规定的免除期限相同。

对于不符合上述条件的在中国境内工作的韩国人员，比如超过免缴期限或不在免除人员范围的，均按《在中国境内就业的外国人参加社会保障暂行办法》条例执行，依法参加职工基本养老保险、职工基本医疗保险、工伤保险、失业保险和生育保险，由用人单位和本人按照规定缴纳社会保险费。

对于不符合上述条件的在韩国工作的外籍人员，均按韩国当地有关条例缴纳社会保险费用。从 2007 年 1 月 1 日起，韩国政府彻底取消产业技术研修生制度，将外籍劳工政策统一为雇佣许可制度，该制度赋予外籍劳工作为"劳动者"的权利，雇主不得对外籍劳工区别对待。根据雇佣许可制度的要求，凡雇用一年以上外国劳动者的雇主,从外国劳动者入境之日起,每月按外国劳动者工资的 9% 储存作为退职金,工作一年后外国劳动者可向雇主要求支付退职金;加入防止拖欠工资现象发生的保证保险,企业支付年费一般为 2 万韩元;加入人身意外伤害保险,企业支付年费为 8 700—9 100 韩元;为了保障外籍劳工回国时必需的费用,企业必须按劳动部规定一次性缴纳外国劳动者回国费用保险,保险费用因国家距离远近而不同,一般为 40 万—60 万韩元。按照韩国《产业安全保健法》的规定,企业必须加入产业灾害补偿保险;根据韩国《国民健康保险法》的规定,雇主和外国劳动者必须共同加入医疗保险;韩国劳动部规定,凡在韩国就业的外国劳动者和雇主必须无条件加入国民年金(金永花,2009:44—47)。

韩国的社会保险包括:年金保险、医疗保险、产业灾害补偿保险以及雇佣保险。年金保险分为四类:第一类是公务员年金,适用于国家公务员、地方公务员以及遗属;第二类是军人年金和军人保险,适用于现役军人和遗属;第三类是私立学校教职员年金,在韩国国立学校的教职员为公务员,因此单独设立私立学校教职员年金;第四类是国民年金,适用于 18 岁至 60 岁的一般国民。医疗保险分为公务员及私立学校教职员医疗保险、单位医疗保险和地区医疗保险三类,地区医疗保险又可分为农村地区和城市地区。产业灾害补偿保险,费用由雇主一方负担,对与业务有关的职业病及因产业灾害而发生的工伤、疾病、残废、死亡等进行医疗服务或给予生活补贴。雇佣保险于 1995 年开始实行,其目的是消除失业带来的不安,从制度上解决产业结构升级而产生的对熟练工人的大量需求。

年金保险费由雇主与雇员共同缴纳,双方各承担一半,年金保险费=加入者的标准月收入额×年金保险费率,年金保险费率为 9%;企业职工月医疗保险费=每月平均工资×保险费率(截至 2010 年,保险费率为 5.33%),雇主和雇员各承担一半,公务员则由政府和个人各承担一半,私立学校教职员由被雇员、学校、政府分别负担 50%、30%、20%;在雇佣保险费的征缴中,对就业稳定、职业能力开发和失业给付等不同部分采用不同的费率,失业给付部分的费率为 0.9%,由雇主和雇员各承担一半,就业稳定和职业能力开发部分的费率为 0.25%—0.85%,费率根据企业规模的差别有所不同,由雇主承担;产业灾害保险则根据行业特点,费率各不相同,从 0.2% 至 17.9%,平均为 16.4%(李相文,1998:66—74)。

对于医疗保险方面的规定,主要在《中华人民共和国政府和大韩民国政府社会保险协定议定书》(简称《中韩议定书》)中有所体现,主要是对韩方人员医疗保险的规定,韩方适用暂时免除在华人员缴纳保险费的险种为职工基本医疗保险,韩方适用暂时免除在华缴纳职工基本医疗保险费的人员与 2012 年签订《协定》中规定的适用人员条件类同,但在航海船舶和航空器上的受雇人员、外交和领事机构人员排除在外。免除在华缴纳职工基本医疗保险费义务的韩方人员必须满足两个条件。第一,大韩民国国民在《协定》生效之日前已在中华人民共和国领土上工作并按照《中华人民共和国社会保险法》的规定参保,且已购买了商业健康保险的;第二,如果大韩民国国民在《协定》生效之日前已在中华人民共和国领土上工作,但未购买商业健康保险,则必须按照规定参加中华人民共和国职工基本医疗保险。

我国对韩方人员职工基本医疗保险的免除只是暂时性的免除,因为自《协定》生效之日起计算,最长免除期限不得超过 2014 年 12 月 31 日;若其商业健康保险在 2014 年 12 月 31 日之前到期,则应自其商业健康保险到期之日起开始缴纳职工基本医疗保险费;2014 年 12 月 31 日后,所有在华工作的大韩民国国民必须参加中华人民共和国职工基本医疗保险。

《中韩议定书》不影响在大韩民国领土上工作的中华人民共和国国民参加大韩民国国民健康保险。

3. 中丹社会保险合作机制

中国政府与丹麦的《中华人民共和国政府和丹麦王国政府社会保障协定》在 2013 年 12 月 9 日正式签署,并于 2014 年 5 月 14 日生效,主要免除了双方养老保险金的缴纳。互免险种范围如下:中国为职工基本养老保险;丹麦为社会养老金、劳动力市场补充养老金。值得注意的是,协定虽未涉及医疗保险,但丹麦属于福利型国家,所有取得居住、工作许可的外国人都可享受医疗保障。

中方适用免除在丹麦缴纳相关社会保险费的人员包括:

派遣人员,指受雇于在中国领土上有经营场所的雇主,被派遣到丹麦领土上为该雇主工作的人员;在航海船舶和航空器上受雇人员指在悬挂中国船旗的航海船舶上的受雇人员及通常居住在中国领土上,被派遣到悬挂丹麦国旗的航海船舶上的受雇人员,受雇于企业总部在中国的航空器上的管理人员或机组成员;外交和领事机构人员指中国驻丹麦外交和领事机构工作人员(简称外交雇员);政府或公共机构受雇人员指受雇于中国中央政府、地方政府或其他公共机构(指全部或部分适用财政性资金的国家机关、事业单位和团体组织)被派到丹麦工作的人员;在丹麦领土上受雇的中国国民,且其雇佣期限不超过 6 个月,或属于培训项目或教育项目类雇佣且不超过 18 个月;例外情况:两国主管机关或经办机构可同意根据特定人员或人群的申请做例外处理,条件是所涉及人员已在一国参保。

丹麦适用免除在华缴纳相关社会保险费的人员包括:

派遣人员指受雇于注册地或办公地在丹麦领土内的雇主,被该雇主临时派往中国领土为其工作的丹麦居民;在航海船舶和航空器上受雇人员指在悬挂丹麦船旗的航海船舶上的受雇人员及通常居住在丹麦领土上,被派遣到悬挂中国国旗的航海船舶上的受雇人员,受雇于企业总部在丹麦的航空器上的管理人员或机组成员;政府或公共机构受雇人员指受雇于丹麦中央政府、地方政府或其他公共机构被派到中国工作的人员;家庭成员,前面规定的三类人员,如果被免除了在华缴纳相关社会保险费,则该人员随行的家庭成员也比照适用相关条款,免除在华缴纳相关社会保险费的义务,除非这些家庭成员本人在中国领土上受雇或自雇;外交和领事机构人员指丹麦驻中国外交和领事机构工作人员(简称外交雇员);例外情况:两国主管机关或经办机构可同意根据特定人员或人群的申请做例外处理,条件是所涉及人员已在一国参保。

对于免除期限的规定,中方人员免除缴纳在丹社会保险费的期限为,派遣人员首次申请为自动免除,首次申请免除缴费期限最长为 5 年;如果派遣人员派遣期限超过 5 年,经两国主管机关或经办机构同意,可以予以延长,延长免除期限不超过 5 年;丹方人员免除缴纳在华社会保险费的期限,派遣人员申请为自动免除,免除缴费期限最长为 36 个日历月。

对于不符合上述条件的在中国境内工作的丹麦人员,比如超过免缴期限或不在免除人员范围的,均按《在中国境内就业的外国人参加社会保障暂行办法》条例执行,依法参加职工基本养老保险、职工基本医疗保险、工伤保险、失业保险和生育保险,由用人单位和本人按照规定缴纳社会保险费。

对于不符合上述条件的在丹麦境内工作的外籍人员,均按丹麦当地有关条例缴纳社会保险费。丹麦属于"福利型"国家,也是高税收国家,税率高达 50%,其社会保障制度是一种主要由政府税收推动的、近乎免费提供高水平保障待遇的再分配机制,由养老保险、公共医疗保险、失业保险和工伤事故保险组成。

总体而言,中国与德国、韩国、丹麦各自所签订的双边社保互免协定,其目的都是为了保证双方驻外人员在社会保险方面的利益,促进人员交流和经贸往来。各自所签订的协定总体内容上都大同小异,但在各自细节规定上却略有不同。

相比之下,中韩所签协定涉及的社会保险险种范围最广,养老保险、失业保险、医疗保险都有涉及,中德协定只涉及了养老保险和失业保险,而中丹协定则只对养老保险做出了规定,相对来说涉及险种范围最小。

对于互免缴费人员类别而言,中德、中韩、中丹没有太大差异,可能由于中德协定所签时间最早,相对而言,其协定所规定的人员类别的细致程度不如中韩和中丹协定,种类也不如中韩和中丹协定全面。

在免缴期限上,中德协定最长都可免除双方人员 8 年的缴纳期限,中韩协定最长可免除双方人员 13 年的缴费期限,德国对于中国的外交雇员甚至可以不限期。而在中丹协定中,中国最长可免除丹方人员 10 年的缴费期,丹麦却只免除中方人员 3 年的保险费缴纳。免缴期限的不同,极有可能与各自国家的签证有效期长短及移民政策有关。

例如,德国在 2001 年承认了自己的"移民国家"身份,并成立联邦移民与难民局负责移民事务。尔后政府对公民资格获取进行改革,实施"绿卡"制度,给予 IT 人才 5 年劳动许可和居留许可签证。除了实施绿卡计划外,联邦及联邦州允许优秀的留学生在参加了德国的毕业考试后可获得至少 5 年的在德国工作的许可(黄叶青、彭华民,2010;安宇光,2010:113—129)。此外,法律还对在德国居住满 8 年以上的外国移民给予入籍资格。因此,一旦我国在德务工人员工作期限超过 8 年,申请了德国国籍,便不属于跨国劳动者了。韩国的雇佣劳动制也规定外籍劳务人员在韩合法务工时间最长为 5 年,5 年务工期满后必须出境,如欲再次赴韩务工,需重新办理相关手续。[1]丹麦《外籍人法》规定外国人在丹麦获得的工作及居留许可期限最长为一年,期满后可申请延长,研究员、教师、高层管理人员以及专家可申请最长为 3 年的工作许可。但是,工作及居留许可不会超过其雇佣合同中明确的雇佣期限。[2]

中德、中韩和中丹社会保障协定的比较见表 5.2。

---

[1]　参 http://wenku.baidu.com/view/0057ae29ed630b1c59eeb5c4.html。

[2]　参 http://china.trade2cn.com/detail/qingdao/news.jsp?id=100408132039PVn。

表 5.2　中德、中韩和中丹社会保障协定

| | | 养老保险 | 失业保险 |
|---|---|---|---|
| 中德<br>(2002年<br>2月18日) | 德国人<br>在中国 | 免除人员:派遣人员,子公司人员,无雇主人员,船员,外交雇员<br>免除期限:前四类人员首申最长可免5年,特殊情况可再延长3年,外交雇员不限期 | 免除人员:派遣人员,子公司人员,无雇主人员,船员,外交雇员<br>免除期限:前四类人员首申最长可免5年,特殊情况可再延长3年,外交雇员不限期 |
| | 中国人<br>在德国 | 免除人员:同上<br>免除期限:同上 | 免除人员:同上<br>免除期限:同上 |
| 中韩<br>(2013年<br>12月26日) | 韩国人<br>在中国 | 免除人员:派遣人员,短期就业人员(少于5年),自雇人员和投资者,在航海船舶和航空器上受雇人员,政府和公共机构受雇人员<br>免除期限:派遣人员首申最长可免5年,如果工作需要,可延长5年,特殊情况,可再延长3年;短期就业人员最长可免5年 | 免除人员:派遣人员,短期就业者,在航海船舶和航空器上受雇人员,政府和公共机构受雇人员<br>免除期限:派遣人员首申最长可免5年,特殊情况可再延长3年;短期就业人员最长可免5年 |
| | 中国人<br>在韩国 | 免除人员:同上<br>免除期限:同上 | 免除人员:同上<br>免除期限:同上 |
| 中丹<br>(2013年<br>12月9日) | 丹麦人<br>在中国 | 免除人员:派遣人员,外交和领事机构人员,以上人员的家庭成员,在航海船舶和航空器上受雇人员,政府或公共航空船舶人员,例外<br>免除期限:派遣人员首次申请最长可免5年,特殊情况可再延长5年 | 无 |
| | 中国人<br>在丹麦 | 免除人员:派遣人员,在航海船舶和航空器上受雇人员,政府或公共领土上受雇的中国公民,例外<br>在丹麦领土上受雇的中国公民,例外<br>免除期限:派遣人员首申最长可免3年 | 无 |

资料来源:根据人社部网站内容整理,http://www.mohrss.gov.cn/SYrlzyhshbzb/zhuanti/waiguorencanbao/sbsbhmxd/。

## 5.2　加拿大社会保险合作机制

与我国相比,发达国家在社会保障法律规定方面相对更加完善,社会整体的福利水平更高,因此,社会保障双边协定的规定也更为详尽,为涉及人员提供的福利保障也更加完善。加拿大与全球 57 个国家(暂不含中国)签订了双边社保互免协定,其中欧洲有 34 个国家,北美洲 11 个,亚洲 6 个,南美洲 3 个,大洋洲 2 个,非洲 1 个。

加拿大的养老金体系共有三个组成部分:基本养老金(Old Age Security)、强制养老金(Canada Pension Plan)和私人养老金。其中,基本养老金和强制养老金是每个雇员都必须参加的养老金计划,属于社会养老的范畴。而私人养老金是雇主自愿为雇员建立的养老金计划,也包括雇员自己购买的年金及养老保险,是社会养老的补充。

OAS 是由加拿大联邦政府的税收支付的养老金,其给付对象是退休(65 岁)前在加拿大生活 10 年以上的居民,居住时间满 40 年的,可以得到全额养老金,居住时间不满 40 年的,可以得到部分养老金,金额与居住时间成正比。OAS 的给付水平根据人均工资、物价水平、通货膨胀等因素不断调整,2008 年全额养老金的标准是月人均 502.31 加元。同时,OAS 的给付水平也会根据退休者的年收入进行调整,年收入越高,OAS 的给付金额就越少(高志强,2008)。

该计划包含三个项目,分别是普惠制的基本养老金(Basic OAS Pension)、家计调查型的保证收入补贴计划(Guaranteed Income Supplement,GIS)和津贴计划(Allowance)。这些计划的资金全部来自一般税收(孙洁、孙守纪,2013)。

OAS 计划于 1952 年建立,是一种无需缴费、无需家计调查的普惠制养老金。1989 年,该计划引入"返还"(Clawback)政策,即领取者收入超过某一水平(2010 年的标准线是 67 668 加元/年)必须返还部分甚至全部养老金,具体标准为返还超出标准线部分的 15%,直到全部返还。目前,大约有 5% 的老年人受此政策影响,大约 2% 的老年人需要全部返还基本养老金。

GIS 计划建立于 1967 年,其建立之初是为了资助那些没有机会参加加拿大养老金计划的人员,因此是一项临时计划,1970 年成为一项永久计划。该计划是一项基于收入调查的救助计划,只有收入水平低于某一标准才可领取,其主要目的是为了进一步减少贫困人口。

津贴(Allowance)计划建立于 1975 年,这也是一项基于收入调查的养老金计划。最初该计划主要向那些没有资格领取基本养老金和保证收入补贴的老年人的配偶发放,并且其配偶年龄在 60—64 岁,因此被称为配偶津贴(Spouse's Allowance)。后来,该计划还向年龄在 60—64 岁的寡妇和鳏夫提供养老金,因此津贴计划也包含了遗属津贴(Survivor's Allowance)。

加拿大社会养老保险体系的第二个支柱是强制养老金(Canada Pension Plan),也叫加拿大养老金计划(CPP)。CPP 涵盖了加拿大除魁北克省以外的所有地区,魁北克省执行的是与 CPP 类似的魁北克养老金计划(QPP),下文统称为CPP。CPP 是一个基于雇佣关系,由雇主和雇员共同出资建立的养老金计划。根据加拿大法律,所有 18 岁以上的雇员都必须参加 CPP,缴费比例为缴费基数的9.9%,由雇主和雇员平均分担。如果是个体经营者,则自己缴纳缴费基数的9.9%。缴费基数是最低年收入和最高年收入之间的部分。CPP 的给付水平取决于缴费额、缴费期限、平均工资及退休年龄。

加拿大老年保障计划和养老金计划情况见表 5.3。

表 5.3　加拿大老年保障计划和养老金计划情况

|  | 老年保障计划(OAS) | 养老金计划(CPP/QPP) |
|---|---|---|
| 缴费 | — | 所有的成本都由雇主、雇员及个体经营者来缴纳 |
| 申领条件 | 满足任一条:(1)18 岁以后在加拿大居住至少 10 年的 65 岁以上的加拿大公民或合法居民。(2)加拿大公民离开加拿大或者在离开前是加拿大合法居民,18 岁以后在加拿大居住满 20 年。 | 申请者至少对该计划完成了一年的有效缴费;年满 65 岁或者 60—64 岁之间满足下列条件之一者也可领取养老金:(1)停止工作;(2)收入低于既定数额。 |
| 养老金支付 | 申请人在 65 岁以后申请领取年老保证金,可以得到 11 个月的补偿加上相关机构收到申请的那个月的福利。 | 领取加拿大养老金的多少取决于领取者向加拿大养老金计划的缴费数额和缴费时间。退休年老的选择也会影响领取养老金的数额。加拿大养老金计划提供的养老金是建立在养老保障基础之上的,它通常采用作为缴费基数工薪的 25% 作为替代率。 |

资料来源:加拿大人力资源部,HRDC, human resources development Canada www.hr-ecdrhc.ge.ca。

### 5.2.1　加德社会保险合作机制

加拿大与德国双边社保互免协定签订于 1985 年 11 月 14 日,并于 1988 年 4 月 1 日生效。协定双方所涉及的险种主要为养老保险,根据各国养老制度的不同对应到各国所对应险种在德国主要是指工薪阶层养老保险、雇员养老保险、矿工养老保险、钢铁工人养老保险、农民养老保险;在加拿大主要是指《老年保障法案》(OAS)和《加拿大养老金计划》(CPP)以及据此二者制定的关于养老保险的规定。

双方在免除人员类别及期限上沿袭了国际上签订双边社保互免协定的通常做法,主要针对雇员、船员、政府或公共机构受雇人员、家庭成员、自雇人员以及其他符合条件的人员进行了相关规定。

协定中关于雇员缴费的免除期限有具体规定,首次申请最长不超过 5 年,若派遣超过 5 年,则可继续申请,如果经有关部门同意则可进行延期。除了船员,其他类别人员如果在原来的国家参加有社会保险计划,则无需再在另一国参加强制性的养老保险计划。

在加拿大与德国的双边互免协定中对于养老金的收益支付有具体的规定。各国养老保险制度对于养老金的最终领取都有不同规定,因此,在签订双边协定的时候,不仅要考虑缴费一端的情况,对于领取时的规定也与各国居民的切身利益息息相关。

加拿大《老年保障法案》(OAS)规定,凡是 65 岁及以上的加拿大公民或者在加拿大合法居住,18 岁以后在加拿大居住至少 10 年的,可以按月领取养老金。对于在加拿大以外居住的情况,凡是 65 岁及以上的加拿大公民或者在离开加拿大之前为合法居住,且 18 岁以后在加拿大居住至少 20 年的,可以按月领取养老金。除以上两种情况以外,如果加拿大公民在与加拿大签订双边社保协定的国家居住或者在签订双边社保协定的国家的社保体系内也参加了缴费,则同样可以依法申请养老金。

《加拿大养老金计划》(CPP)规定,凡是 18 岁以上,在加拿大(不含魁北克省)工作且年收入在 3 500 加元以上(缴费基数上限每年都会进行调整,具体见表 5.4)的必须参加该计划并且进行缴费。在缴费规定方面,如果是被雇人员(即受雇于某一雇主),则个人只需缴纳一半费用,另一半费用由雇主承担;如果是自雇人员,则缴费全部由个人承担,缴费按照一定比例进行,通常为缴费基数的 9.9%(被雇人员个人和雇主各自承担一半)。停止缴费的条件为,开始领取退休津贴、残疾津贴,达到 70 岁以上,或者死亡。该计划覆盖范围有退休津贴(包括提前退休)、残疾津贴以及遗属津贴等。

表 5.4　CPP 缴费费率、征费最高年收入及基本免征额

| 年份 | 缴费最高年收入($) | 基本免征额(最低年收入,$) | 最大缴费基数($) | 雇主和雇员缴费比例(%) | 雇主和雇员最大年度缴费($) | 自雇人员最大年度缴费($) |
|------|------|------|------|------|------|------|
| 2016 | 54 900 | 3 500 | 51 400 | 4.95 | 2 544.30 | 5 088.60 |
| 2015 | 53 600 | 3 500 | 50 100 | 4.95 | 2 479.95 | 4 959.90 |
| 2014 | 52 500 | 3 500 | 49 000 | 4.95 | 2 425.50 | 4 851.00 |
| 2013 | 51 100 | 3 500 | 47 600 | 4.95 | 2 356.20 | 4 712.40 |
| 2012 | 50 100 | 3 500 | 46 600 | 4.95 | 2 306.70 | 4 613.40 |
| 2011 | 48 300 | 3 500 | 44 800 | 4.95 | 2 217.60 | 4 435.20 |
| 2010 | 47 200 | 3 500 | 43 700 | 4.95 | 2 163.15 | 4 326.30 |
| 2009 | 46 300 | 3 500 | 42 800 | 4.95 | 2 118.60 | 4 237.20 |
| 2008 | 44 900 | 3 500 | 41 400 | 4.95 | 2 049.30 | 4 098.60 |
| 2007 | 43 700 | 3 500 | 40 200 | 4.95 | 1 989.90 | 3 979.80 |

资料来源:加拿大就业与社会发展,http://www.esdc.gc.ca/en/reports/pension/agreements.page。

加德社会保障协定见表 5.5。

## 5.2.2　加丹社会保险合作机制

### 1. 签订时间与互免险种范围

丹麦与加拿大的社会保障互免协议签订于 1985 年 4 月 12 日,并于 1985 年 5 月 1 日生效。丹麦和加拿大的互免险种范围为:丹麦:社会养老金、劳动力市场补充养老金(ATP)。加拿大:政府强制养老保险(CPP)和老年收入保障制度(OAS)。

### 2. 免除人员范围

主要有两国公民、难民、无国籍人士、第三方国家公民。加拿大政府应给予居

表 5.5　加德社会保障协定

| | 覆盖人群 | 免除期限 | 养老保险 | 遗属津贴 | 残疾津贴 |
|---|---|---|---|---|---|
| 在加拿大的德国人员 | 两国公民、符合条件的难民、无国籍人士以及第三国公民 | 派遣人员首次可申请免除最长 5 年。超过 5 年，经申请并同意可以延期 | 老年保障法案(OAS) 加拿大养老金计划(CPP) | OAS 津贴：给付给 60—64 岁、配偶去世且未再婚的低收入者；CPP 福利：给付给遗属 CPP 缴费人员的遗属，包括遗属福利（按月发放），遗属津贴（低收入且未被 OAS 覆盖的配偶，死亡津贴（一次性给付），子女津贴(18 岁以下或 18 至 25 岁全日制学生) | CPP 残疾津贴：给付给对 CPP 有贡献且残疾者；CPP 有贡献者津贴：对 CPP 有贡献且子女津贴：残疾者的 18 岁以下子女或 18 至 25 岁全日制学生 |
| 在德国的加拿大人员 | 两国公民、符合条件的难民、无国籍人士以及第三国公民 | 派遣人员首次可申请免除最长 5 年。超过 5 年，经申请并同意可以延期 | 工薪阶层养老保险、雇员养老保险、矿工养老保险、钢铁工人养老保险、农民养老保险 | | |

资料来源："Agreement between the Government of Canada and the Government of the Federal Republic of Germany on Social Security",加拿大就业与社会发展部,http://www.esdc.gc.ca/en/reports/pension/agreements.page。

住在其领土上的上述四类人同等的公民待遇,丹麦政府也应给予居住在其领土的上述一、二、三类人同等的公民待遇。若根据某一方的法律,对已经具有领取该国福利资格的一、二、三类人,该国政府不能以其居住在另一国为由减少、延缓甚至拒发相关福利。

3. 相关人员适用法律

雇员在某一方国家领土上工作,就受该国法律管辖;自雇者不论在境内自雇还是境外自雇,都受其原居住地法律管辖;为同一雇主工作的被派遣人员仍受原工作地法律管辖;在航海船舶和航空器上的受雇人员,受其原居住地国家法律管辖;政府工作人员受其原籍国家法律管辖;公民受某国法律管辖等同于仅居住于该国领土上,这一情况也适用于其因自雇或受雇的家庭成员。

4. 相关说明

若某公民在丹麦居住期间内已参加加拿大的年金计划,则该公民及其家庭成员在丹麦居住期间可等同为在加拿大的居住期累计计算,前提是由于受雇;上述条款不适用于受丹麦法律管辖并在加拿大领土居住的公民及其家庭成员;若某公民由于同时从事多份工作既已参加加拿大年金计划,也受丹麦法律管辖,则该段期间既不能累计算作在加拿大的有效期间,也不能累计算作在丹麦的有效期间;加拿大公民作为机组成员在悬挂丹麦国旗的航海或航空器上工作,其原居住地若在加拿大则受加拿大法律管辖,若在丹麦,则受丹麦法律管辖;在申请加拿大公民身份时,在丹麦的居住期不可累计计算。

5. 相关福利计发事项

第一,加拿大的福利计发事项。若公民在加拿大领取相关福利的累计期限不够,则可累计计算其在丹麦的有效期。领取 OAS(领取条件是 18 岁以上公民退休前在加拿大住满 10 年)的有效累计起始期限应在 1957 年 3 月 31 日之后;领取CPP 的可累计有效期限不少于 13 周或 3 个月。

OAS 福利发放并不仅仅针对加拿大公民,也可向海外支付。对于总累计期限不够,但已达到加拿大 OAS 法案要求的最低期限的公民,加拿大政府应根据该法案向其支付相应的部分养老金福利,这一情况也适用于保证收入补贴计划(GIS)、配偶津贴的发放。

根据加拿大 CPP 计划,公民的养老金金额与其缴费额、缴费期限、平均工资及

表5.6　加丹社会保障协定

| | 养老保险 | 遗属津贴 | 残疾津贴 | 备注 |
|---|---|---|---|---|
| 在加拿大的丹麦人员 | 老年收入补助(OAS):针对18岁以后在加拿大住满20年的人,不需个人缴费,65岁以后便可领取。法定养老保险(CPP):需在加拿大缴费,65岁便可领取养老金,缴费越多,领取越多。也可选择70岁领取,则金额相对增多。以下人员不用在加拿大缴费,也相应不能享受各种福利:两国公民,难民,无国籍人士,第三国籍人员与子公司首次派遣人员可免缴2年。 | OAS津贴:给付给60—64岁,配偶去世且未再婚的低收入者;CPP福利:给付给CPP贡献者的遗属,包括遗属津贴(按月发放),遗属津贴OAS覆盖(低收入且未被OAS覆盖的配偶),死亡津贴(一次性给付),子女津贴(18岁以下或18至25岁全日制学生) | CPP残疾津贴:给付给CPP有贡献且低收入者;给付给CPP贡献者的遗属,残疾人者;子女津贴:对CPP有贡献者的18岁以下子女或18至25岁全日制学生 | OAS除了给遗属提供福利外,还对18岁以后在加拿大住满20年且满60岁的低收入者,该低收入者的60—64岁配偶提供津贴 |
| 在丹麦的加拿大人员 | 社会养老金:65岁前在丹麦住满10年,且领取退休金的前5年居住于丹麦即可领取,不需个人缴费,收入调查型(收入越高,领取额越少)。劳动力市场补充养老金(ATP):需在丹麦缴费,65岁便可领取ATP的养老金,缴费时长相关,缴费越多,领取越多。以下人员不用在丹麦缴费,也相应不能享受各种福利:两国公民,难民,无国籍人士,第三国籍公民,派遣人员与子公司人员可免缴2年。 | 遗属津贴:与死亡配偶至少同居3年,收入调查型家庭津贴:18岁以下孤儿死亡补助:孕产妇或多病配偶家庭 | 一旦残疾便可领取,领取额与收入相关(收入调查型),到达领取养老金年龄后,金额相对减少。另提供养老补充福利,用于因残疾导致的额外花费,该花费必须大于500克朗每月。 | 丹麦的养老金政策灵活,除了上述所述福利外,对个处于特别情况的人还可以申请养老金补充福利等或额外残疾津贴等 |

资料来源:"Agreement on Social Security between Canada and the Kingdom of Denmark", http://www.servicecanada.gc.ca/eng/services/pensions/international/countries/denmark.shtml。

退休年龄有关,主管机关应按照相关条例计算。若总累计期限不足以领取残疾年金、伤残者子女年金、生存者年金、遗属年金或死亡年金,但其累计期限足以领取其他相关福利的(如领取儿童福利只需缴费满三年),加拿大主管机关应按照 CPP 法案计算其福利金额并支付。

第二,丹麦的福利计发事项。根据丹麦的社会养老金法案,加拿大公民居住于丹麦领土上时,若其在丹麦正常工作满一年并达到法案的期限要求,则可申请预期年金。另外,在申请预期年金之前,该公民应有永久居住于丹麦的倾向且居住期满一年。上述情况不适用于居住在加拿大的丹麦公民。对于不满足上一条款要求的加拿大公民(工作期未满一年),只要其在丹麦的居住期在 5—10 年,仍然可以申请预期年金。

丹麦的社会养老金法案包含的各项福利有:养老补贴、妻子津贴、婚姻津贴、个人津贴、外部援助津贴、出差津贴、伤残福利。这些福利只针对于居住在丹麦领土以外的人。

加丹社会保障协定见表 5.6。

## 5.3　美国社会保险合作机制

### 5.3.1　美德社会保险合作机制

美国和德国于 1976 年 1 月 7 日在华盛顿签署了最终议定协议书,1979 年 12 月 1 日生效,1986 年 10 月 2 日在华盛顿对协议进行了补充修订,1988 年 3 月 1 日生效;1995 年 3 月 6 日第二次在波恩补充修订,1996 年 5 月 1 日生效。此协议改进了社会保障,保护了在一个或两个国家工作的劳动者权益。帮助在一个或两个国家的社会保障制度下都不能获得养老、残疾和遗属津贴的劳动者,也帮助另外一些为了一份工作却必须向两个国家支付社会保险税的劳动者。

在免除险种方面,该协议包括社会保险税。作为对该协议的补充,1996 年 5 月 1 日还涵盖了德国疾病保险税和长期护理保险项目税,该协议也包括社会保险养老金、残疾和遗属保险津贴。但不包括美国医疗保险计划或附加保障收入(SSI)

计划下的福利。根据各国养老制度的不同,对应到各国所对应险种在美国指养老,残疾和遗属保险;在德国主要是指工薪阶层养老保险、雇员养老保险、矿工养老保险、钢铁工人养老保险、农民养老保险。

对于免除人员的规定,包括雇员、子公司人员、自雇人员、船员、飞行员、难民、无国籍人员。例如,在德国的美国工人可以被美国社会保障覆盖,只要他(她)为一位美国雇主工作。该美国雇主的公司包括:在美国或任何一个州的法律下组织的公司;一个合伙企业,至少三分之二的成员是美国居民;一个托拉斯,受托人都是美国居民。如果美国雇主和美国国税局依据《美国国税法案》3121(1)为其子公司雇用的美国公民和居民支付了社会保险税的情况下,也包括美国雇主的外国子公司。德方适用免除在美国缴纳相关保险税的人员与美方适用人员的条件类同。由一个国家发放的保险证书将作为劳动者在另一个国家免除社会保险税的证明。

关于免除期限的规定,一般可申请免除缴费期限 5 年。如工作需要,经批准后可延长免除期限。从其中一个国家收到的保险证书将会表明你在另一个国家免除缴纳社会保险税的期限。一般来说,起始日期也就是你开始在另一个国家开始工作的时候。多次外派时间短的,每次独立计时。但为政府机构工作的人员始终在派出国缴费。如果是自雇人员,只在居住国缴费。

由德国发行的保险证书应当由在美国的雇主保留,由美国国税局(IRS)审计。除非 IRS 有要求,复印件无需再寄给 IRS。然而,自雇人员必须每年都把复印件粘在他的所得税申报表上,作为在美国免税的证明。由美国发行的保险证书复印件将提供给雇员和雇主。当有要求时,雇员和雇主有责任把证明书交给德国当局。为了避免不必要的麻烦,雇主应该尽可能早地申请证明书,最好在雇员开始去另一个国家工作之前。

这项协议生效之前,在某些情况下,为了一份工作,就要要求雇主雇员和自雇人员向两个国家支付社会保险税。根据这项协议,如果在美国工作,一般来说,就被美国社会保障制度覆盖,雇员和雇主只需要向美国缴纳社会保险税。如果在德国工作,一般来说,就被德国社会保障制度覆盖,雇员和雇主只需要向德国缴纳社会保险税。

医疗保险是美国为 65 岁及以上或者残疾人设立的国民健康保险制度。医疗保险有两部分:住院保险("Part A"医疗)和医疗保险("Part B"医疗)。如果根据美

表 5.7 美德社会保障协定

| | 免除期限 | 退休金或养老金的领取 | 残疾津贴 | 退休或残疾人员家属的家庭福利 | 遗属福利 |
|---|---|---|---|---|---|
| 在美国工作 | 免除期限为5年;在美国或者自雇用或始终在美雇用人员;为政府机构工作的派出国缴纳,始终在美国缴纳 | 达到65岁即可领取全额福利;最早在62岁可要以享受非全额福利,要求一年或一年半的保险记录(62岁后的保险记录要求1991年的要求有10年保费) | 达到65岁且已至少一年不能做任何一项实质性工作则可以获得福利。根据发病年龄不同,要求有一年半到10年的保险记录,是盲人,否则还需要其他的记录 | 配偶:达到65岁要照顾16岁以下的儿童(或22岁以下的残疾人)则可领取同如果不照顾儿童非全额退休金。在62岁领取非全额退休金;达65岁可领全额退休金。最早62岁与前配偶离婚。婚姻持续至少10年;退休金。婚姻持续至少10年,必须未再婚;子女:如果全日制18岁没有结婚19岁(或在65岁前的中小学生19岁或者如果在22岁前残疾福利任意年龄都可领取福利 | 寡妇或鳏夫:达到65岁或要照顾16岁以下的儿童(或者22岁以下的残疾人)则可领全额退休;残疾,如果残疾50岁可以在60岁,残疾则最早可以在60岁(或者如果残疾非全额退休金。如果60岁领取退休金之后再婚(或者如果继续发放;养老金也可继续发放;离婚的寡妇:若结婚至少10年则可;子女:与退休人员的子女相同;一次性抚恤金:对于已获保工人的死亡一次支付不超过255美元 |
| 在德国工作 | 免除期限为5年;在德国或者自雇用或始终在德雇用人员;为政府机构工作的派出国缴纳,始终在德国缴纳 | 65岁且已缴5年保费;63岁且已缴35年保费;60岁且最近10年要有15年保费,在8年保费,另外,在最近的一年或一年半里被雇用过52周。若是德国女性,则60岁有15年保费40年的保费 | 如果工作能力下降了一半多,则任意年龄都能享有福利。在残疾之前必须有60个月的保险覆盖 | — | 寡妇或鳏夫:若未再婚并且有获得福利;若再婚则其寡妇或鳏夫:1977年7月1日前离婚,则前配偶可离婚福利;1977年6月30日目前领取离婚福利之后配偶没有基于前配偶自己的保险记录来支付,前配偶之后领取福利,前配偶必须领取福利;子女:18岁及以下或者27岁及以下的上学或参加职业培训的孤儿可以领取福利死亡并且抚养孩子才年保费或死亡并且有权领取福利;有权规定。一次性抚恤金:没有规定 |

资料来源:"Agreement between the Government of the United States of America and the Government of Federal Republic of Germany with Respect to Social Security", https://www.ssa.gov/.

国社会保障你工作足够久而有资格获得退休金,在 65 岁,就能够获得住院保险。1929 年或之后出生的人需要 40 个"积分"(大约缴费 10 年)才会有资格。该协议尽管能记录你在另一个国家的"积分"来帮你获得美国退休金、残疾或者遗属津贴,但并不包括医疗保险。

如表 5.7 所示,美国和德国互勉的人员、险种和期限均大致一样,相对来说,美国对免除人员的规定更加详细,比如对于退休或者残疾人员的家属福利,德国没有规定,而美国对其配偶、离婚配偶和子女均有规定。对于德国的残疾津贴,除了要有五年的保险覆盖外,还要求这五年内必须有三年的缴费(如果是因为工作意外残疾的,这个要求也要满足)或者 1984 年前有 5 年的保费并且自 1984 年连续缴费。而残疾的程度决定了工人是否能收到一份丧失工作能力津贴或一份更高的全额残疾津贴。对于遗属津贴,美国相对来说规定也更加详细,而对于不同遗属的领取条件两国还是有一些差别的。比较遗属津贴和退休或者残疾人员的家属福利,已故工人的配偶相对来说可以在更早的年龄领取福利。而对于遗属津贴中子女的福利,德国必须要求是孤儿才可以领取,美国则要求没有这么严苛。

## 5.3.2　美加社会保险合作机制

美国与加拿大在 1981 年签署了社会保障互免协定,在 1984 年 8 月 1 日正式生效。社会保障互免协定的签订是为了方便那些在两个缔约国之间被交换雇用的员工,避免双倍缴费的现象给员工带来经济上的不必要的损失。因此,两个缔约国间签署该协定,改善了在两个国家工作的员工的社会保障安全性。其中,由于加拿大的魁北克地区是法语地区,所以将其列为特殊地区,美国与魁北克签署有额外协定,但基本内容与加拿大签署的协定无太大差别。

美国与加拿大都是建立社保制度较早的国家,因此,在社会保障方面的经验相对充足。美国的社保制度分为三个部分:养老保险、失业保险、伤残保险。医疗部分虽有涉及,但政府部门相对参与较少。养老保险、伤残保险、失业保险所涉及人员较广泛,属于普惠政策。而美国的医疗保险制度主要部分为私营医疗保险计划,即雇主为雇员缴纳的医疗保险。美国政府医疗保险计划和政府医疗救助计划只包含 65 岁以上老年人和 65 岁以下的残疾人、部分穷人。加拿大的养老金计划分为

表5.8 美加社会保障协定

| | 期限 | 退休金或养老金的领取 | 残疾津贴 | 退休或残疾人员家属的家庭福利 | 遗属福利 |
|---|---|---|---|---|---|
| 在美国工作 | 免除期限为5年;在美国受雇或者自雇人员始终在美国缴纳;为政府机构工作的人员始终在派出国缴纳。 | 达到65岁退休年龄即可领取养老金;最早者在62岁可以获得福利。根据发病年龄非全质性获得福利。工分从1或1.5年到10年的要求(62岁前的要求1991年后有10年的保险) | 达到退休年龄且已至少一年不能做任何一项实质性报酬的工作则可以获得福利。根据发病年龄不同,需要1或1.5年到10年的工分。除非是盲人,否则还需要其他的工分。 | 配偶:达到退休年龄即可领取全额退休金或者要照顾16岁以下的儿童(或22岁以下的残疾人)则任意年龄可领取全额退休休金。如果不照顾儿童非全额福利。离婚配偶:达到退休年龄可领取全额退休金,最早62岁可领取非全额退休金。除非全额退休金,最早到18岁没有结婚。(如果全额须至少10年且没有结婚)或者如果未在22岁日制的中小学则任何残疾年都可以领取福利。 | 寡妇或鳏夫:达到退休年龄可领取全额福利(或者如果要照顾16岁以下的儿童)则任意年龄可领取全额退休金(或者如果残疾人)则任意年龄可领取最早50岁)。福利可继续发放。如果照顾非全额残疾则50岁;如果60岁之后则再婚(或者如果非全额残疾或鳏夫:如果结婚至10年则同上一样。离婚配偶如果结婚至10年没有结婚,或者如果未在22岁前领取福利。子女:与退休或残疾人的子女一样;一次性抚恤金:对于已获得保工人死亡一次支付不超过255美元。 |
| 在加拿大工作 | 免除期限为5年,自雇人员始终在加拿大缴纳,为政府机构工作的人员始终在派出国缴纳。 | OAS:任何一个超过65岁且在18岁以后在加拿大居住超过10年的人都可以领取。除非这个人住了至少20年,其加拿大居住生活收入豁免,离开加拿大6个月后回来依然有效。补充福利表示,为保证收入的OAS补助生活的受益者如果没有收入,至少没有收入6个月。CPP/QPP:到65岁可以领取全额退休金,最早可以从60岁开始领取非全额退休金。 | CPP小于65岁的工作者必须自身有疾病或精神上有疾病,没有任何实质性收入的工作,残疾将会持续收入死亡时间,甚至不确定是否会导致死亡。要求工人有缴纳四年;工人有缴纳;QPP残疾部分与CPP一致,工作者必须缴费:最少2年的缴费期中的半年;最后10年的缴费的5年;最后3年缴费的2年或者如果缴费期为2年的全部两年。 | 配偶:OAS福利的受益者或其配偶其配偶并在合法伴侣(无论性别)同性别或者养并在一起至少一年的收入很少没有甚至起居在少于有收入的情况下,可领取收入基础的养老保人必须接受收益。伴侣老金必须接受收益至离开加拿大6个月。CPP/QPP没有提供此类津贴。但是,在一些条件下,退休金可以分享给配偶,前提是与其配偶同意法律意义上的分子。离婚配偶:CPP/QPP无规定。子女:CPP/QPP退休人员子女无规定,残疾工人的未满18岁的子女(或者25岁全日制在校学生,QPP规定工人死亡或成为残疾在1994年1月1日)。 | 寡妇或鳏夫:OAS同性或异性伴侣年龄在60—64岁,收入很少或者没有收入,伴侣已故工作同伴侣的可许其离开加拿大六个月。CPP/QPP仍然需要照顾孩子的人,或者35岁以下残疾。(QPP限子年龄无限制)此外,同伴侣的有效资格限子伴侣的有效资格已故工人的积分至少在缴费期间同1/3,缴费发放。最少3年最多10年。再婚不影响福利发放,但是要注意离婚寡妇或鳏夫:CPP/QPP与残疾相同。意离婚的配偶。子女:CPP/QPP与死者子女一样,对缴费的要求同寡妇鳏夫的相同。一次性死亡抚恤金:CPP/QPP与其他幸存者的一次性支付死者的6倍的每月退休金。工人的最大支付值为2300美元。最低要求发生,一次性支付死者的6倍的每月退休金。工人的最大值为CDN的最大值为2300美元。 |

资料来源:"Agreement between the Government of the United States of America and the Government of Canada with Respect to Social Security". https://www.ssa.gov/international/agreement_descriptions.html.

基本养老金、强制养老金、私人养老金。

表 5.8 中所列举了协议中所涉及的险种范围,包括养老保险、遗属津贴、配偶津贴、残疾津贴。具体的适用人群为缔约国国民、难民、无国籍人员、来自缔约国的难民和无国籍人员。对于派遣人员,被派往另一个缔约国工作不超过 5 年的时间内,员工的社会保障缴费付给原国家即派出国,不用在工作地重复缴纳;工作超过 5 年的时间在工作国缴费。多次外派时间短的,每次独立计时,但为政府机构工作的人员始终给派出国缴费。如果是自雇人员,只在居住国缴费。

如果被派往另一个国家超过日历年的 183 天,即需要办理保险证书,以证明可以在其他国家继续缴纳社会保障税。两个国家在计算养老金(或其他津贴)的积分时可以互相加总,在派往另一个缔约国之前,只需要在本国的社保部门打印积分证明即可。关键并非从一个国家到另一个国家的转移,而是在保险证书上面的记录。

由于美国的医疗保险主要是商业医疗保险,国家强制的部分很少,政府也很少涉及,社保的互免协定就未涉及与医疗有关的项目。

由表 5.8 可知,美国和加拿大提供的社保种类大致一样。在退休和养老福利方面,加拿大所波及的人群更广,会有更多的受惠人群。在年龄限制方面,加拿大的要求也宽松一些。值得一提的是,美国在遗属津贴方面做了很多工作,遗属中的伴侣(包括已经离婚的伴侣)和子女和福利都有涉及。美国的社保制度相对于加拿大起步较晚,始于 1935 年,但是发展迅速,在一次次的修订中不断加入新的保障人群,使得大众都有受惠的可能。

这里简单比较一下中国和其他五个国家签订的社保互免协定。由于资料有限,我们仅仅找到了中国与德国、韩国、丹麦三个国家的互免协议内容。将前面讲到的中国与其他国家签订的互免协定内容对比表与美国与加拿大签订互免协定内容相对比来看,有很多险种中国在签订时并未涉及。中国与别国签订的社保互免协定主要险种为养老保险、失业保险、医疗保险,其中医疗保险只有在中国的韩方人员才可享受互免福利,与德国与丹麦签订的互免协定中没有医疗保险项目,在韩国的中方人员也不享受医疗互免福利。原因可能是由于医疗保险的特殊性,病情发生具有不确定性。

美国与加拿大的互免协定未涉及医疗保险,是因为在美国,医疗保险主要为私营性质。私营医疗保险计划的受利人群主要是雇员,雇主为雇员缴纳医疗保险。

这点两个表格相似,都不涉及医疗保险部分。美国与加拿大不涉及失业保险。但是中国与德国和中国与韩国的互免协定涉及失业保险,中国与丹麦的互免协定不涉及。人群设定也相对较窄。因为中国从 20 世纪 80 年代才实行对外开放的政策,在社保方面的发展也相对较晚。与外国的合作也随着时间的发展逐步深入,中国本身的社会保障制度也还在摸索阶段,处在快速发展中的中国还有很多需要借鉴发达国家之处。

## 5.4 中国企业"走出去"社会保险合作机制的展望

### 5.4.1 中国社会保险合作中的障碍

社保双边互免协定的谈判不是一蹴而就的,往往具有很大的难度,需要有意签署协定的双方进行多轮谈判,不断协调和让步以求得共识。例如,中国与日本在 2012 年 10 月举行了中日社保协定第一轮谈判,12 月举行了第二轮磋商。2013 年 1 月中国与法国也开展了第二轮社会保险互免协定谈判。但是至今中国与日本和法国的双边社保互免协定也没能落地。其中一个重要的原因就是劳动力流入国通常以社保政策系一国主权范畴,普遍要求中国籍雇员参加当地社保,但是不会主动愿意为中国劳动者免除在本国的社会保险缴费,免除缴费等于是放弃了自己的既得利益。这就需要两国在这一问题上通过不断协商达成共识,但考虑到不同国家的规模、制度和文化等因素差异很大,协定的签署面临多方阻力,因此难以达成共识。

表 5.9 列出了 6 个有意向与我国签署双边社保协定的国家,统计了它们从 2007 年至 2013 年每年年末我国在这 6 个国家的对外劳务人员数量以及每个国家占我国赴外劳务人员的比重。从表 5.9 中我们可以看出,在 6 个意向签约国当中,我国对日本和新加坡的劳务输出规模较大,其中我国对日本输出的劳务数量基本占到我国对全球劳务输出数量的 20%,新加坡基本占到 10%。虽然日本、新加坡与我国劳务合作十分密切,劳务人员所占比重非常大,但是我国与它们的社会保障体系差异较大,涉及的劳务人员数量众多,法律法规问题又较为复杂,所以签署双

边社保互免协定的难度很大,很难形成最终的成果。而虽然法国、比利时、捷克、瑞典这几个欧洲国家与我国劳务人员往来很少,但是它们的社会保障体系非常完善,国家对社会保障和劳工福利的问题非常重视,所以它们也在就社保双边互免的问题积极与我国寻求合作。由此可以进一步看出,对于一个劳动力接受国,我国在其对外劳工数量的多寡并不是决定其是否与我国开展双边社保合作的决定因素,一些更深层次的诸如社会、文化、法制以及政治体制等方面的原因可能综合影响两国之间双边社保国际合作的进程。

表 5.9　意向签约国年末在外劳务人员数(人)

| 年份 | 全球 | 日本 | | 新加坡 | | 法国 | | 比利时 | | 瑞典 | | 捷克 | |
|---|---|---|---|---|---|---|---|---|---|---|---|---|---|
| | 人数 | 人数 | 比重(%) | 人数 | 比重(%) | 人数 | 比重(%) | 人数 | 比重(%) | 人数 | 比重(%) | 人数 | 比重(%) |
| 2013 | 852 755 | 153 455 | 18.00 | 73 914 | 8.67 | 44 | 0.01 | 32 | 0.00 | 18 | 0.00 | 0 | 0.00 |
| 2012 | 850 181 | 173 468 | 20.40 | 77 505 | 9.12 | 285 | 0.03 | 41 | 0.00 | 182 | 0.02 | 0 | 0.00 |
| 2011 | 812 427 | 177 664 | 21.87 | 84 130 | 10.36 | 315 | 0.04 | 37 | 0.00 | 166 | 0.02 | 4 | 0.00 |
| 2010 | 846 605 | 172 244 | 20.35 | 86 119 | 10.17 | 327 | 0.04 | 17 | 0.00 | 163 | 0.02 | 12 | 0.00 |
| 2009 | 777 138 | 162 405 | 20.90 | 83 664 | 10.77 | 179 | 0.02 | 5 | 0.00 | 146 | 0.02 | 12 | 0.00 |
| 2008 | 738 723 | 159 710 | 21.62 | 88 284 | 11.95 | 90 | 0.01 | 5 | 0.00 | 11 | 0.00 | 20 | 0.00 |
| 2007 | 741 051 | 162 494 | 21.93 | 89 764 | 12.11 | 112 | 0.02 | 0 | 0.00 | 0 | 0.00 | 36 | 0.00 |

资料来源:根据 2007—2014 年《中国统计年鉴》整理,http://www.stats.gov.cn/tjsj/ndsj。

1. 中德和加德社会保障协定比较

在签订时间上,中国与德国双边社保协定签订的时间晚于加拿大。中国与德国的双边社保协定签订于 2001 年 7 月 12 日,并于 2002 年 4 月 4 日起正式生效,而加拿大与德国的双边社保协定签订于 1985 年 11 月 14 日,并于 1988 年 4 月 1日生效。加拿大与德国签订双边协定的时间比中国与德国签订的时间提前了将近16 年。

在覆盖人群上,中德协定仅限定在两国国民。加德协定规定,其适用人群除了两国公民,还包括符合条件的难民、无国籍人士以及第三国公民,适用人群更加广泛。

在险种的适用范围上,中德协定与加德协定相比差别不大,但加德协定就某些细节的规定更为具体。中国与德国在养老保险和失业保险方面做出了相关规定,加拿大与德国虽然也主要是在养老保险方面,但是由于国内关于养老保险的相关规定较为细致,因此加方在与德方签订协定时有些规定更为具体。例如,对于养老金的受领人死亡、残疾情况的规定,对于养老金受领人死亡之后,其配偶和家属津贴方面的规定更加详细。

在免除期限上,对于派遣人员的规定,中德与加德协定区别不大。对于派遣人员,中德协定与加德协定都规定首次申请可免除缴费5年,超过5年则经申请且双方主管部门同意可进行延长。中德协定中规定最长可延长至8年,若仍需要延长则可进行最后一次延长(未说明几年),但加德协定对于最长免除日期并没有做出规定。

在收益支付方面,中德协定并未做出规定,加德协定规定更为具体、细致。我国与德国签订的社保协定主要考虑了免除缴费的情况,但在最终养老金(或其他津贴)支付方面的规定却较为缺乏。而且,在支付方式上,加拿大与德国社保协定规定允许进行在异国支付,即便现在一国缴费或居住,只要达到相关领取收益的条件,将来在领取时就可以在另一国进行。

2. 中丹和加丹社会保障协定比较

加拿大与丹麦之间的协定签订于1985年4月,而中国与丹麦的社保协定签订于2013年12月。世界上第一个社会保障双边协定产生在欧洲,即法国于1904年和意大利签订的国际社会保障公约,我国历史上签订最早的协定是2002年与德国的双边协定。社会保障双边互免协议签署的前提都是由于劳动力的跨国流动越来越频繁,我国由于各种历史原因,社会保障制度起步较晚,经济自由化进程缓慢,因而社会保障国际化程度比欧洲国家滞后许多。

在免除险种上,我国与丹麦之间的协定及加拿大与丹麦之间的协定都免除了养老保险的缴纳。不同的是,加拿大与丹麦之间的协定更加详细、具体化。协定中包括了双方各种福利津贴的发放细则,加拿大包括老年收入保障计划、遗属津贴、配偶津贴、残疾津贴、未成年子女津贴等,丹麦的有养老补充、妻子津贴、婚姻津贴、个人津贴、外部援助津贴、出差津贴、伤残福利等。各种福利的发放与资格认定按各国相关规定执行。

在覆盖人群方面,在加拿大与其他国家签订的互免协议中,可以发现大部分的协议都包含有两国公民、难民、无国籍人士、第三国家公民。加拿大与丹麦的协定中,上述人都适用社保互免条款。而在我国与丹麦的互免协定中,适用人员基本上局限于两国公民,且对于适用人员也做出了一些条件规定。例如,在丹麦领土上受雇的中国国民(在国内无雇主的人员),其雇用期限不超过 6 个月的方可免除在丹麦缴纳社会保险金的义务,丹麦适用人员的家庭成员还被排除在外,除非他们也在我国领土上受雇或自雇。

　　覆盖人群的不同,与各国社会保障制度建立的历史背景及经济双边贸易背景有关。例如,丹麦属于欧盟成员国,因而对于欧盟公民领取丹麦政府养老金的条件宽松许多,欧盟公民领取养老金的数额基于其在丹麦工作时间的长短,无最低期限限制。对居住于欧盟国家的难民或无国籍人士,若受雇于丹麦,则丹麦政府也给予他们与欧盟公民同等的权利待遇。而对其他国家来说,特别是未与丹麦签订双边社保协定的国家,公民至少需在丹麦住满 30 年才有领取丹麦政府养老金的资格。与丹麦签订过社保双边协定的国家又分两种:一种是与丹麦国际交流与合作频繁的加拿大、美国、澳大利亚等国家,公民只需在丹麦住满三年(至少有一年在丹麦受雇)便可获取该种资格;一种是与丹麦往来相对较少的巴基斯坦、塞尔维亚、马其顿等国家,同等条件下,公民需在丹麦住满五年(至少有一年在丹麦受雇)。

　　在免除期限方面,在中丹协定中,中国最长可免除丹方人员 10 年的缴费期,丹麦只免除中方人员 3 年的保险费缴纳,对于需在丹麦长期居住或考虑移民的人,协定并未给出具体解决方案,这也正是我国双边互免协定中最明显的不规范之处。

　　相比之下,加拿大与丹麦之间的社保协定不仅考虑了不同情况的人员,且在需根据居住时间或就业时间来计发应享受的福利时,可按累计原则累计不同的期限,这显得更加人性化。具体的累计原则根据各国政府的相关文件执行。例如,Christine 是加拿大人,30 岁之前一直生活在加拿大,后又去丹麦工作 2 年,由于加拿大人需在丹麦住满 3 年才能具备领取丹麦养老金的资格,因此她的工作时长未达到最低期限要求,不满足条件。然而加拿大与丹麦的双边社保协定允许Christine 把在加拿大的工作时长累计于她在丹麦的工作时长上,假如 Christine 已在加拿大工作 6 年,那么她的累计工作时间是 8 年,达到丹麦政府规定的最低工作时长要求。Christine 可在退休后向丹麦政府申请养老金发放,发放数额与她在丹麦的工作时长相关。Christine 在向加拿大政府申请养老金时,加拿大政府发放的养老金数额也基于她在加拿大的工作时长(假设工作时长即对当地社保基金的贡献时长)。

对于各种福利,只要申请人未达到领取的最低期限要求,均可以累计其在两国的工作时长或居住时长,然而发放额度只能由其在领取国的实际工作时长或居住时长决定。

3. 中德和美德社会保障协定比较

对比中国和其他国家的互免协定发现有很大不同,美国和德国的互勉协定主要指养老、伤残和遗属保险,并详细说明了退休和伤残人员家属的福利及其各个遗属可领取福利的条件,而中国与其他国家的互勉协定仅涉及中国在外国的人员或者外国在中国的人员,没有提及雇员家属的福利,但是中国与其他国家的互免涉及失业和医疗保险,美国和德国则未涉及。由于很难计算出移民在输出国和接收国中上缴保费的时间,保费的输出也会遇到阻碍,如失业保险和疾病保险在输出时需通过认真审查核实,在某些情况下,相关部门甚至还要对残疾保险进行核查。

## 5.4.2 我国社会保险合作的未来潜力巨大

虽然我国赴外劳工总数较大,2014 年末,我国在外各类劳务人员总数已表 5.10 所示,根据 2014 年末我国在外劳务人员分行业分布情况的统计结果,尽管我国对

表 5.10 2014 年末我国在外劳务人员行业分布情况

| 行业类型 | 劳工人数(万人) | 所占比重 |
| --- | --- | --- |
| 建筑业 | 47.8 | 47.5% |
| 制造业 | 16.4 | 16.3% |
| 交通运输业 | 11.8 | 11.7% |
| 农林牧渔业 | 6.2 | 6.2% |
| 住宿和餐饮业 | 4.3 | 4.3% |
| 其他行业 | 14.1 | 14.0% |
| 合　　计 | 100.6 | 100.0% |

资料来源:文月:《2014 年中国对外劳务合作发展述评》,《国际工程与劳务》2015 年第 3 期:42—46。

外劳务人员在各个行业都有分布,但是大量的对外劳工主要集中于建筑行业,所占比重接近一半,为 47.5％(见表 5.10)。众所周知,建筑行业属于传统体力型的低端劳务行业,具有高危险、低工资、易受伤害等特点,那么,对这一大部分建筑行业赴外劳动者的社会保险的完善保障与合理赔付就显得更加重要和紧迫,需要我们与更多的国家签署双边社保互免协定,从而降低我国赴外劳务人员的劳动成本,为亟需保障的在外劳工提供更加充分和具体的社会保险保障。

不仅在建筑行业,对于所有的中国赴外劳动者来说,社会保险都是其劳动成本的重要组成部分。如果工作的国家没有和中国签署社保双边互免协定,那么通常情况下这些赴外劳动者就需要缴纳双重社会保险费,无疑会增加他们的劳动负担,削弱我国劳动力跨国流动的积极性。所以,在更加广泛的范围内推进社保互免的国际合作,不仅是部分低端劳务行业的赴外劳工们的福音,更是全体海外劳动者们的需求。

2012 年 9 月我国出台了《在中国境内就业的外国人参加社会保险暂行办法》。这一办法出台后,我国与其他国家的双边社保互免协定签署进程明显加快。在暂行办法出台前,我国只在 2001 年与德国签署了互免协定。2012 年 9 月暂行办法出台后,我国在当年 10 月与韩国、2013 年 12 月与丹麦、2014 年 9 月与芬兰陆续签署了互免协定,特别是 2015 年,我国与加拿大和瑞士两个国家签署了协定,社会保险的国际合作进程有了明显加速。但是,即便如此,中国目前也只与 6 个国家正式签订了社保双边互免协定,可以说在社会保险国际合作这一领域,与世界上的很多国家相比,我国的发展进程还是滞后的。例如,就目前签署社保双边互免协定的数量来说,美国有 25 个,加拿大 59 个,澳大利亚 29 个,德国 20 个,日本 15 个,韩国 28 个,就连和我们同为发展中国家的印度,也签署了 13 份社保互免协定。特别是在我国对外劳务输出全球总人数不断上升的大背景下,已签协议的六国所占比重却呈下降之势,这看似矛盾的数据现象其实说明我国社会保险同世界各国和地区的合作还很不足,不仅和我国签订双边社保互免协定的国家太少,只有 6 个,而且已签署的协定惠及的对外劳工数量也非常有限,比如丹麦和芬兰,我国虽然和其签署了双边社保互免协定,但这两个国家的中国劳工数量少到几乎可以忽略不计,如 2013 年年末,我国在芬兰的劳工数量只有 2 人。

如表 5.11 所示,2014 年我国内地输出到全世界对外劳工数量排名前 10 位的国家和地区,其对外劳务人员数量占到 2014 年我国所有对外劳务人员数量的 57.3%。其中,表 5.11 中的 10 个国家和地区,没有一个与我国已经签署了双边社保协定,意味着我国为数众多的劳动者在这些国家和地区工作时,为了得到一份基本的社会保险保障,依然需要缴纳双份社会保险费用,在一定程度上损害了我国对外劳工的利益,阻碍了我国企业"走出去"的步伐。

表 5.11　2014 年末在外劳务人员主要国别和地区分布情况

| 国别(地区) | 人数(人) | 比重(%) |
| --- | --- | --- |
| 中国澳门 | 71 158 | 12.7 |
| 日本 | 48 378 | 8.6 |
| 中国香港 | 41 431 | 7.4 |
| 新加坡 | 41 202 | 7.3 |
| 阿尔及利亚 | 35 398 | 6.3 |
| 沙特阿拉伯 | 19 337 | 3.4 |
| 安哥拉 | 18 613 | 3.3 |
| 巴拿马 | 18 593 | 3.3 |
| 印度尼西亚 | 15 961 | 2.8 |
| 俄罗斯 | 11 946 | 2.1 |
| 合　计 | 322 017 | 57.3 |

资料来源:文月:《2014 年中国对外劳务合作发展述评》,《国际工程与劳务》2015 年第 3 期:42—46。

此外,结合我国"一带一路"的发展战略,我们发现表 5.11 中的 10 个国家和地区,除了澳门和香港本就属于中国自不必说,新加坡、沙特阿拉伯、印度尼西亚和俄罗斯都属于"一带一路"战略的沿线国家范围。我们知道,"一带一路"战略是中国在国际区域间寻求合作与发展的新机遇,可以预见,中国与这些沿线国家之间的经济合作势必会更加密切,政治、文化交往也会越加频繁,会有更多的中国海外劳工向这些沿线国家转移。近年来,除了已经和我国签署了双边协定的 6 个国家外,日本、新加坡、法国、比利时、捷克、瑞典等国家也已通过正式照面或书面信函,向我国提出商议签署社保协定。在这样的战略背景下,社会保险领域的国际合作进程无疑会加快,会有更多的国家愿意同我国签署社会保险方面的互免协定,以此为各自国家的劳动者在对方国家提供更优惠的劳动与社会保障,助力"一带一路"战略的长期发展。

# 第 6 章
# 中国企业"走出去"劳资关系风险案例研究

劳资关系风险目前已经演变成制约中国企业海外发展的瓶颈之一,由此引发的劳资纠纷问题日益引发了各方的关注。有调查数据显示,在中国企业海外并购失败的案例中,甚至八成以上都直接或者间接地与劳资关系、人事或人力资源管理问题有关。(林芳竹、李孟刚、季自立,2014:124)如何有效规避企业在"走出去"过程中面临的劳资关系风险,从而减少海外投资中的经营风险,将"走出去"真正演变为"走进去",成为"走出去"战略中非常具有理论意义和实践意义的课题。

本章对近十几年来出现的若干个典型案例进行了类型化研究,研究结果表明中国企业海外投资中面临的劳资关系风险集中存在于海外并购准备阶段的人事整合、本土化用工、属地员工管理、终止劳动关系和裁员五个领域,本章将按照这个划分方法对这些典型案例进行梳理,并依据风险管理方法论尝试提出规避策略或者解决方法。

值得指出的是,这种划分方法的逻辑依据是劳资关系建立、实施、变更和消灭的过程顺序,由于某一种风险因素(比如工会的影响)可能存在劳资关系过程的多个阶段,因此应对此类风险的方法可能在各个阶段中有所交叉,但是某一风险因素不可能在任何阶段都发挥同样大小的影响作用,因此本章在各个阶段对那些影响作用较大的风险因素进行了重点研究,这并不表明这些因素在其他阶段就不发生任何作用,只是作用较小而已。

## 6.1 海外并购准备阶段的人事整合风险

近几年来,中国大中企业开展的海外投资计划以海外并购为主要形式,成功与失败的案例都不少,目标国劳工问题给并购成败带来的影响已经日益凸显。(姜俊禄,2015:61)本章拟对以下几个典型案例进行分析。

### 6.1.1 海尔竞购美泰案

海尔集团于 2005 年 6 月 21 日联合美国两家私人投资基金 Bain Capital 和 Blackstone Capital 共同竞购美国美泰公司(Maytag,也译作美泰克),计划以每股 16 美元,共 16.8 亿美元的价格收购这家公司,并愿意承担 9.7 亿美元的债务。美泰公司是美国家电市场规模最大的企业之一,2004 年在美国《财富》500 强企业名单上位列第 361 位,年销售额达 47 亿美元,约占美国家电市场 17% 左右的份额。海尔看中的不仅仅是美泰在欧美地区的销售网络,而且还有美泰的品牌和技术,这有助于海尔在美国上市。由于之前联想已经成功收购 IBM 的个人电脑业务,因此最初这次收购也被业界普遍看好,但是海尔基于种种原因最终退出了竞购,原因之一就是美泰经营的人力资源成本过高。海尔如果并购成功,必然要进行产业链的整合,方案之一是将加工制造环节转到中国国内,那么如何安置美泰 1.8 万美国员工? 考虑到美国苛刻的劳工保护条件和裁员制度,海尔最终选择退出。(廖运凤,2007:172—180)

### 6.1.2 联想并购 IBM 个人电脑业务案

2004 年年底,国内 IT 硬件生产商联想成功收购了 IBM 公司 PC 业务部门,一跃成为当时世界第三大 PC 生产厂商,但是接下来却面临着中外部门人力资源整合的难题:美国和中国拥有不同的薪酬福利管理制度,而且双方员工的薪酬和福利水平存在巨大的差异,并购之后的薪酬整合成为摆在新联想面前的主要问题。据原 IBM 员工透露,以基本工资计,不计入奖金、员工福利与员工期权,IBM 员工的工资是联想的 7 倍。这成为并购后的新联想面对的难题:如果联想减少或停止这些薪酬激励体系,IBM 原有的员工将拒绝继续工作;但是如果前 IBM 员工继续拥有与联想中国员工不同的待遇,显然中方员工会产生极大不满,这意味着中方高层管理人员只能获得与 IBM 一般职员相同的薪酬待遇。[1]事实上很多中国企业在并购欧美企业时都会面临着当地薪酬成本过高,欧美企业执行的薪酬福利制度过分偏向员工的状况,明基并购西门子、TCL 并购阿尔卡特之后都必须采取裁员、降薪或终止合作的举措,这对维持企业的稳定运营无疑是一个巨大的挑战。

联想最终采用了四个步骤的流程成功地解决了并购中的人力资源整合问题。首先,在整合中重组业务和流程,然后是对部门和职位的重新设定与梳理,继而是平衡员工的职责和绩效,最后才是薪酬的平衡与整合的具体工作。[2]北京外企太和企业管理顾问有限公司高级顾问侯继连是这样总结联想的人力资源整合方案的:联想制定的新薪酬标准以承认地域差别为前提,强调内部的公平,同工同酬原则应当适用于同一职位级别、同一个地域的员工,但是同一职位级别的薪酬水平设计应当多样化,这样才能给企业的经营留下足够的空间;再辅以过渡的设计方案,薪酬给付信息的不对称性和两家企业原本薪酬策略的差异性造成了同一职位的薪酬水平差距,但是平衡这种差距不可以一蹴而就,联想设定了一定期限的过渡期,较高工资的员工和较低工资的员工的薪酬在过渡期内暂时不进行调整,但是要调整公司的职责梳理以及评估、绩效考核标准和绩效管理办法,逐渐将同一职位级别的较低工资员工的薪酬和较高工资员工的薪酬拉平,在企业内部实现公平,提高对企业外部的竞争力。在执行这两个原则的过程中不刻意追求新制度更偏向于之前哪个企业,而是通过专业的方法建立起内部各个职位的价值体系,保证内部的公平性,并且力求提升薪酬的外部竞争力,保持员工的满意度、忠诚度和工作效率。[3]促进员工文化的融合,充分体谅员工心理感受,更有效地激励员工应当作为最终的目标。

---

① http://www.4oa.com/office/748/932/200712/138130.html(2015 年 12 月 20 日)。

② http://www.4oa.com/office/748/932/200712/135426.html(2015 年 12 月 20 日)。

③ 引自中国人力资源开发网报道:《联想收购 IBM PC 业务后的薪酬对接》,http://www.chinahrd.net/article/2013/03-05/26469-1.html(2015 年 12 月 13 日)。

北京智鼎管理咨询公司高级薪酬顾问张登印认为,海外并购中的人力资源整合,特别是薪酬整合上,沟通是最重要的问题,联想的并购策略即体现了这一原则。联想的人力资源部门对中外员工进行了大量的满意度调查和访谈,与收购公司的员工进行了很多交流和沟通,让其了解联想薪酬的整合理念和做法。秉承着在磨合期结束前尽可能挽留员工的理念;另外,把业绩作为调和两家企业薪酬激励方式的差异也是一个要坚持的原则,这是在沟通中可以普遍达成的共识。在具体操作时坚持做到业绩与薪酬对等的原则,以理服人,联想根据当年营业额、利润等计算出定期提薪额,根据人头算出人均创利水平,员工工作效率高,人均创利水平高,薪酬就可以高,反之亦然。如此可以把中外两个公司的薪酬水平最终统一到员工的业绩上来,解决不同来源的员工的薪酬激励问题。[①]

## 6.1.3　分析与结论

中国企业在海外并购时由于人力资源整合成本过高而最终退出的案例还有很多,例如大连远东工具集团在并购美国格林菲尔德工业有限公司初期曾经陷入谈判的僵局,相关负责人齐树民曾表示谈判最艰苦的问题就在于美方劳动力成本的弥补。(钟懿辉、赵鑫全,2009:21)这些案例存在很多共同特点,比如中方企业多为高新技术产业或者以技术为导向的企业、并购对象为欧美等发达国家的老牌企业,中方企业希望通过并购获得对方的品牌、技术、销售网络,借此打开欧美市场等。此类并购面临的劳资关系风险多体现为劳动力成本的转嫁上。

的确,从微观来说,投资欧美等地区的风险主要表现在劳动力成本较高:欧美当地雇员工资待遇明显高于中方企业,福利很好,成本费用水平较高。此外,欧美各国对雇员比例、员工社会福利保障措施的法律制度严格,与国内法律相去甚远,特别在涉及工会力量壮大、养老金计划负担重、员工持股或期权计划复杂等情况的国际交易中,特别需要关注雇佣和薪酬计划等事项。而此类欧美企业经营状况不佳的原因大多在于人力资本负担过重,管理不善,如何在中外方人力资本之间实现

---

① 引自中国人力资源开发网报道:《联想收购 IBM PC 业务后的薪酬对接》,http://www.chinahrd.net/article/2013/03-05/26469-1.html(2015 年 12 月 13 日)。

平衡是中国企业进行海外并购时必须认真考虑的问题。

海尔并购美泰案与联想并购 IBM PC 业务部案，一个最终退出，一个成功完成并购，值得思考和总结的内容不少。我们认为，规避海外并购中劳动关系风险的重点在于协调好不同薪酬体系下的人力资本平衡问题。根据风险管理理论，依据风险产生原因的不同，可以把风险分为社会风险、自然风险、经济风险和政治风险，社会风险和经济风险是可以通过事先的识别和预测进行控制的，可以采用现场调查法进行识别。相关的风险管理人员亲临现场，通过直接观察风险单位的各种操作和流程，了解风险管理单位的生产经营活动和行为方式，调查其中存在风险隐患。（刘钧，2008：45）中外方企业的人力资本平衡问题是由不同的企业文化和薪酬设计理念造成的，可以归于由社会原因和经济原因造成的风险，这种风险可以通过实地访问调研和加强沟通的方式来规避。

具体而言，首先，要能够根据实际交易的情况，聘用国内外优秀的人力资源顾问，在进行充分的人力资源调查的基础上制定并购的人力资源方案。这些方案要建立在双方企业充分的沟通和共识的基础上，尽量满足市场化和专业化的要求。其次，坚持薪酬设计属地化管理，要让被并购的外国企业员工感觉到自己的工作受到了重视，打消负面的情绪，避免在并购中出现较多的人员流失，在这其中，以业绩为导向是中外方企业管理实践中普遍信奉的法则，要按照创利水平和人均工作效率制定统一的薪酬标准，把中外企业的薪酬水平统一到员工的业绩上来，让中外企业员工都能对新的薪酬水平满意。

再次，要设定足够长的过渡期。中外方企业的战略和企业文化及由此决定的薪酬体系大相迥异，外方企业的薪酬理念重视正激励机制的作用，重奖不重罚，而中方企业的薪酬设计奖罚并重，而且很多企业还会设计末位淘汰等负激励作用较强的制度①，国外企业员工在短时间内往往很难接受并适应。因此，最好的做法是

---

① 我国最高人民法院审判委员会在 2013 年 11 月 8 日发布的指导案例第 18 号中认为劳动者在用人单位等级考核中居于末位等次，不等同于"不能胜任工作"，不符合单方解除劳动合同的法定条件，用人单位不能据此单方解除劳动合同。参见《最高人民法院指导性案例（第一批至第九批）》，人民法院出版社 2015 年版，第 59 页。但是，指导性案例并没有法律效力，难以维护法律的统一适用，而且国内很多企业也广泛采用"末位转岗"等办法来规避"末位淘汰"的合法性审查。

在相当长的时间内保持原企业的薪酬理念,务必将人员的稳定和企业的平稳过渡作为并购原则。这个过渡期可能会比较长,有人曾经形象地将联想并购的过渡期比喻成"结婚之前的恋爱时间",也不无道理。

此外,要在劳动和雇用的尽职调查中做好定性分析和定量分析,选择好交易架构,对发现的问题开展风险判定和量化。这需要中方企业的人力资源部门与外方企业的工会和员工适时开展公开透明的沟通,多件中国企业海外并购案证明,得到工会支持的并购交易获得成功的可能性更大(张伟华,2015:52)。最后,要充分了解外方企业所在国劳动和雇佣方面的法律法规,务必做到合规并购。这些法律法规对劳动者薪酬、福利、劳动保护、健康安全保护方面的规定很重要,尤其是关于雇主单方面终止劳动关系和裁员的规定更是十分关键,不合规的并购可能造成"一招不慎,满盘皆输"的后果。因此,在并购阶段将目标国的人力资源法务工作者和专业律师吸收到中方企业人力资源部门中来是十分必要的。

## 6.2  "本土化"用工面临的劳资关系风险

"本土化"用工是指跨国企业的海外企业按照所在国家(地区)相关法律法规的规定,根据企业实际需要直接雇佣或间接使用当地人力资源。企业海外投资不应当将本国的人力资本、物力资本、技术资本(智力资本)全部转移到国外,仅仅借助国外提供的土地等不动产资本进行经营,所在国吸引外资的目的也不仅包含获取物力资本和增加税收收入,通过外国投资为本国创造更多的就业岗位,将经济效益与社会有益有效结合往往是更加重要的目的。鉴于外国劳动者在文化、意识形态、宗教、技术水平、收入水平和社会福利方面等方面与中国劳动者之间存在着巨大的差异,中国企业往往更偏好使用本国劳动者,劳动密集型的工程承包类企业和能源资源行业企业在这一方面表现得更加明显,劳动用工矛盾逐渐成为制约海外市场拓展和矿产资源开发项目推进的突出问题。(李雪梦,2013:103)

中国企业在"走出去"过程中面临的本土化用工问题的多起案例表明,绝大多数国家对雇佣当地员工并未设定强制性比例。但对于外国劳动力的进入则往往由法律设定了"工作许可证"制度,只有具有劳工部门签发的"工作许可证",并在工作许可证规定的单位工作才是合法的,否则,外国劳动者和雇主都将被罚款。比如哈萨克斯坦对国外劳务实行严格限制,以配额形式限制外国劳动力的进入,不仅设定了繁琐复杂的申请外国劳动力许可证的程序,而且严格限制许可证的数量,成为阻碍中国工程承包企业进行海外工程建设的主要壁垒之一。以下将对中国企业海外投资中本土化用工的几个案例进行分析。

## 6.2.1　中国有色矿业集团"本土化"用工的案例

成立于 1983 年的中国有色矿业集团有限公司主要致力于有色金属矿产资源开发以及与之相关的建筑工程贸易及服务,2014 年该集团在"世界 500 强"企业中排名第 398 名,是一家大型的资源行业企业。自国家"走出去"战略实施以来,中国有色矿业集团积极响应,投资了多个海外项目,由于矿业企业项目所在国多为矿产资源比较丰富但经济发展相对落后的国家和地区,因此随着该集团海外市场份额的日益扩大,劳动用工矛盾逐渐成为制约海外市场拓展和矿产资源开发项目推进的突出问题。当地员工管理能力和专业技术能力水平相对不高,实践观念不强,劳动效率低的缺陷使企业的"本土化"用工策略面临着严峻的挑战。(李雪梦,2015:103)

但是,中国有色矿业集团的人力资源部门也发现了国内劳动外派的缺陷,一方面,矿业企业一般系劳动密集型企业,用工数量很大,中国国内大多采用市场化劳务作业的用工策略,如果每一个海外矿产资源开发项目都要组织大量中国员工跨国作业,将面临着费用高、签证困难的不利形势,而增加人工成本也不利于海外市场的竞争;另一方面,受地理环境以及文化传统等方面的影响,中方劳动者到海外工作的适应期也将持续相当长一段时间,语言、当地政策等限制也将相应增加管理难度和成本费用。对海外矿产资源开发采用本土化用工在降低成本、加快项目开发实施、促进与当地政府管理部门的密切合作等方面都有较大的优势。有鉴于此,该集团从一开始就确定了"本土化"用工的策略,具体内容表现在以下方面:

一是在高、中、低岗位中坚持差异化的"本土化"用工比例。非洲本地企业对员工的管理能力不高,员工的专业技术能力水平也相对有限,因此当地员工大多集中在基层和部分中层管理岗位。低级管理职位以当地雇员居多,这样一方面可以利用当地雇员熟悉本土情况的优势,另一方面也可以充分利用当地劳动力价格低廉的优势,而且"本地化"的策略也由于创造了更多的就业岗位而获得了当地政府的信任和支持。以中国和赞比亚的合资企业中色卢安夏为例,低层雇员有 2 300 余人来自赞方,高级雇员(包括技术骨干和管理人员)有 200 余人来自赞方,中方高级雇员仅百人左右。在董事会中,含中方董事 7 名,赞方董事 3 名(含 1 名政府董事),董事会秘书 1 名。

二是为中外方雇员订制不同的培训教育体系。在现代企业中,培训业已成为人力资源管理的重要组成部分,"本土化"用工需要针对不同的人群开展不同的培训。矿产丰富的国家往往经济发展落后,劳动者的技能与文化素质也不高,因此,中国有色矿业集团采用了个性化培训的方案,学历和素质较高的外方中高级管理人员可以直接利用中国有色集团职教中心和"国家级专业技术人才继续教育基地"的师资力量和资源,为外方基层管理人员外聘专业师资力量或经验丰富的内部优秀中方员工进行授课,并为较为优秀的外方员工提供到中国参观学习的机会,提高了其工作的积极性;对于外方基层普通员工采用传统的"传帮带"的培训模式,促进新员工适应工作角色。另外,还针对不同国家的风土人情建立职业学校,积极培养自己的本土化员工,例如在蒙古国的敖包锡矿设立了职工大学,将世代游牧的牧民培养成现代化的产业工人,获得了蒙古国政府的表彰。

三是重视与工会开展薪酬管理协商。劳资谈判的核心内容是薪酬待遇,雇主在劳资谈判中要重视与工会的协商以及当地的法律法规和风俗习惯。中国有色矿业集团采用薪酬设计本土化的方法,赋予当地企业人力资源部门劳资谈判的权力,集团公司仅负责报备。在履行企业社会责任方面,尽量不采用裁员的方式,例如2008 年金融危机爆发之后,铜价暴跌,集团在赞比亚的合资企业采取了坚持生产与坚持保障工作岗位和薪酬水平的策略,获得了当地政府的赞扬,也赢得了外方雇员的支持,增强了企业的凝聚力。

四是建立跨文化沟通体系。在尊重当地文化传统和风俗习惯的基础上积极利用当地因素中积极有利的成分,平等地对待中外方雇员,这样才可能实现有效的跨文化沟通。与中国企业"走出去"本土化用工有关的多起案例都表明,国家和民族之间的文化差异是一个客观存在的现象,这种现象具有多面性,而且无法被人为消除,但是可以通过相关的制度设计来规避其中不利的一面,发挥其有利的一面。例如,很多在非洲经营的中国企业领导人都认为非洲人懒惰,时间观念差,劳动效率低,再加之种族歧视的心理,其采用的本土化用工策略往往是简单粗暴的,导致劳资冲突的风险很高。规避这类风险需要企业领导者拥有辩证思维和包容心态,因才施"管"。中国有色矿业集团在非企业一方面重视发挥非洲本地员工的优点,即守法意识较强,严格按照规章制度办事,另一方面则以身作则,通过中方员工的敬业精神和专业精神感染外方员工,企业中逐渐出现了不少像中国人一样勤奋工作的外方员工。[①]

## 6.2.2　分析与结论

目前,很多国家为保证本国公民就业都出台了对外国员工的比例进行限制的法律法规,例如根据蒙古国 2006 年颁布的《矿业法》的规定,在该国获得采矿许可的外国企业有义务保障蒙古公民就业,外国员工的比例要严格限制在企业总员工数量的 10% 之内。如果外国员工的录用超过这个比例,则每个工作岗位每月要向蒙古国政府缴纳相当于最低工资 10 倍的岗位费。(汪玮敏,2015:57)曾有外国投资者认为此新法规定严重侵犯了自己的投资预期,影响了投资利益,将本国投资者与外国投资者置于不公平、不公正的地位,从而提起司法审查程序,但是当地仲裁庭认为"任何投资者都不会期待投资当时的环境和法律完全保持不变,此规定并未侵犯外国投资者公平与公正的待遇"[②]。又如南非在 2004 年颁布了《矿产和石油资源法》以及《南非矿业提高弱势群体社会经济地位基本章程》,根据这两个规范性文件的要求,矿业公司到 2009 年为止至少要雇佣 40% 的"历史上处于劣势地位的南非人"参与公司的经营管理,而且要求矿业公司在 10 年内将所占股权的 26% 转

---

[①]　例如一位在非洲投资的企业领导人曾经介绍说,中国人脑子好使,喜欢玩小聪明,非洲人虽然做事效率相对较低,但是思维直接,对重复性劳动的执行力很好。要求中国劳工刷十遍墙,他可能只刷八遍,因为八遍和十遍的效果差不多,没有人能够发现,但是非洲劳工受文化影响,说一是一说二是二,即使工不在身边,也会刷十遍。详见毛倩倩:《在非洲纳米比亚的中国企业属地员工管理的影响因素研究》,北京交通大学 2015 年硕士论文,第 58 页。

[②]　Sergei Paushok, CJSC Golden East Company and CJSC Vostokneftegaz Company v., The Government of Mongolia, UNCITRAL.

移给"在历史上处于劣势地位的南非人",曾有外国投资者认为此法破坏了公平与公正的投资待遇并且违反了"合法征收"的义务提起仲裁,但是最终申请终止了程序,该法的实体内容予以保留。①

每一个计划在海外投资的中国企业都必须正视"本土化"用工的风险,有的国家已经出台了类似的法律,有的国家即使目前没有这样的规定,在不久的将来也即将出台,这要求中国企业在实施海外投资之前必须全面了解目标国在劳动与雇佣方面的法律法规,并事先制定应对措施与法律变动的预案,在本土化用工的过程中注意因地制宜,实现属地化管理。

依据风险管理理论,前一种风险属于因外国政府的行为(如立法、出台政策)而导致经济主体发生损失的不确定状况,可以界定为国家风险②;后一种风险是由雇佣当地劳动者在劳动合同存续过程中因文化差异导致的经营性风险,此风险系企业雇员参与的各项经营活动中,由于人的行为使企业的经营目标发生偏离或造成损失,可以界定为人力资源风险。③

经济合作与发展组织在《关于官方支持的出口信用准则的约定》中指出国家风险包含五个基本要素:第一,由债务人的政府或政府机构发出的停止付款的命令;第二,政治经济事件引起的贷款被制止转移或延迟转移;第三,法律导致的资金不能兑换成为国际通用货币,或兑换后不足以达到还款日应有的金额;第四,任何其他来自外国政府的阻止还款措施;第五,包括战争和内战、没收、革命、骚乱、飓风、洪水、地震、火山喷发以及核事故在内的不可抗力。④随着中国企业海外投资的规模日益增加,投资方式的不断进化,投资目的地也发生变化:从距离近、文化传统类似的中国香港、东南亚、北美逐步向距离远、文化传统迥异的非洲、中亚、拉美等地区转移,即从国家风险相对较低、较为熟悉的地区向国家风险相对较高、较为陌生的地区转移,因此面临的国家风险越来越严峻。(李福胜,2006:51)这就要求中国

---

① Piero Foresti, Laura de Carli and others v. Republic of South Africa(ICSID Case No. ARB (AF)/07/1).

② 参见对"国家风险"的定义。刘新立:《风险管理》,北京大学出版社2014年版,第23页。

③ 参见对"人力资源风险"的定义。孙星:《风险管理》,经济管理出版社2007年版,第115页。

④ 《关于官方支持的出口信用准则的约定》只是为经济合作与发展组织成员国提供了一个行为的参考准则,并未强制的法律效力,所以又称"君子协定"。

企业建立国家风险意识,在制定本土化雇佣计划时将国家风险全面纳入风险管理体系。

人力资源方面的风险是由运用人力资源中的不确定性产生的,投资目标国本土化用工大大增加了这种不确定性。造成这种风险的成因主要是契约风险,这种风险基于当地劳动者的精神和心理状态引发的主观风险和企业追求劳动资源共享与个人倾向于劳动资源垄断之间的矛盾而产生,导致企业契约的履行不完全。(孙星,2007:115)其化解的方式是在企业目标与个人追求之间找到一个调和二者利益最大化的平衡点。

具体而言,需要在尊重本地员工文化、传统、习惯的基础上充分发挥他们的主观能动性和创造性,使员工的工作满意度增加,稳定员工队伍。可以借鉴的做法包括为本地员工提供在中方企业发展的前景,海外投资不能做"一锤子"买卖,要为员工与企业设立共同的目标,一起成长;加强沟通,及时掌握外方员工的心理需求动态,积极开辟沟通途径;为外方员工提供培训和发展的机会,让员工随时跟得上企业发展的步伐;提供有竞争力的薪酬,设立激励机制,中国有色矿业集团在非洲企业建立以"劳资谈判"为基础的"福利多样化"薪酬管理体系,尤其是针对当地特点设立各类生活津贴,并以到中国参观学习作为奖励措施都是值得推荐的做法。[1]

## 6.3 属地员工管理中的劳资关系风险

中国企业或中资企业在对当地员工进行管理时要面临当地整个社会体系对劳工的保护政策和对雇主非常苛刻的劳工法律,尤其是工会作为劳工社会组织的作用以及企业社会责任对雇主的要求。近年来一系列属地员工管理失败的案例或多或少都与工会或者企业履行社会责任有关,而且工会往往也参与到企业社会责任的履行之中,成功的案例背后大多也可以发掘出工会的积极作用,可谓是"成也工

---

[1]　详见李雪梦:《"走出去"人力资源管理战略的本土化用工研究——以中国有色集团为例》,《中国人力资源开发》2015 年第 15 期,第 103 页。

会,败也工会"。

### 6.3.1 上海汽车公司在韩国的员工属地化管理案

上海汽车公司(简称上汽)对韩国双龙汽车公司(简称双龙)的属地员工管理案就是这方面的典型案例。双龙是韩国第五大汽车制造商,主要生产高档豪华轿车和大型 SUV,自 21 世纪初以来生产经营状况恶化。从 2004 年 7 月开始,在一年多的时间里,上汽集团通过两次增加持股,控制了双龙一半以上的股份,成为双龙绝对控股的大股东。2005 年 11 月,上汽股份根据持股计划对双龙管理层进行调整,辞掉了部分韩国籍的管理人员,双龙工会开始组织工人罢工,并要求上汽方面指派的董事自动辞职。次年 7 月,双龙工会又以并购可能造成技术外泄,必须停止企业结构调整为由,以较为极端的方式进行游行抗议,至 8 月,罢工规模全面升级,演变成为全面总罢工。2008 年年底,双龙汽车工会在中国大使馆前举行示威,要求中方班子退出,并在某分工厂扣留中方管理人员。2009 年,和平罢工升级为流血冲突。最终,上汽在正常经营秩序无法保障的情况下向韩国法院提出了申请,双龙进入了破产重组程序。就此,双龙的大股东——上汽完全失去了对双龙的控制权,轰轰烈烈的中国汽车海外并购第一案以失败而告终。

即使双龙破产重组成功,上汽也失去了对双龙的管理控制权,因为上汽所占股份价值在极端的罢工运动中严重贬值,加上其他资金的注入,上汽已经彻底沦为无足轻重的小股东。因此,上汽集团近 6 000 亿韩元(约合 6.1 亿美元)的投资基本化为乌有。客观地说,将上汽—双龙案的失败原因只归结于劳资纠纷可能有失公允,金融危机导致的市场突变、知识产权的争端、跨国企业文化的冲突都具有不小的负面影响,但毋庸置疑的是,激烈的劳工纠纷的确是造成上汽跨国投资失败的主要原因之一。

此后业界分析指出,上汽对双龙工会的力量估计不足,韩国工会往往在劳资博弈中的态度十分强硬,每年都会在集体协商中要求增加员工的薪酬和福利待遇,而且资方要想顺利开展经营活动,必须获得工会的配合,甚至连在很多国家归属于企业自主经营权的雇佣和解雇员工也需要工会的批准。如果要求无法得到满足,工会就会较为容易地采用抗议、罢工甚至是占领工厂等激烈手段,迫使资方就范。据

《朝鲜日报》报道,2009年上半年,外国投资者在韩国建厂或者收购韩国公司股份的直接投资额仅为26亿美元,与2008年同期相比减少了14亿美元,除去2008年全球金融危机的影响,工会太"强硬"被认为是最重要的原因。①

另外,双龙公司工会的特殊性也是造成上汽本土化管理失败的重要原因,一方面,双龙汽车经营不善的原因就包括人力资本在企业生产的成本中占比过高,双龙平均一辆车的人工费用相当于竞争对手的两倍;另一方面,双龙工会隶属于韩国的工会组织——民主劳动总工会,该组织属于工会中的强硬派。双龙汽车在经营中多次死而复生,而在濒临绝境时往往成功易主的经历导致了其工会组织视激烈的手段为"家常便饭"。在围攻中国大使馆事件中,双龙工会又"成功利用韩国社会对中国企业的微妙心理",以及韩国人的民族自尊心制造上汽"技术转移"的舆论来转移视线,博取媒体的关注和社会的同情。②

事实上,上汽集团并非从一开始就忽视双龙工会的作用,恰恰相反,上汽为显示中方的合作诚意,曾多次邀请其工会代表到中国访问参观,上汽董事长亲自接见;双龙在由于产品线单一面临资金缺乏的困境之时,上汽多次雪中送炭。但是上汽的无数次真心付出却没有回报,当传出上汽有意和双龙合作研发新车型时,双龙工会立即向韩国司法机关举报中国人偷窃韩国技术;更不可思议的是,双龙对上汽的控股权完全不认可,打开该公司的英文网站,在公司简介一栏中根本无法看到任何关于上汽的标识及文字描述,仿佛"上汽这位控股其51.3%的公司与双龙根本没有任何关系"③。

2008年的金融危机对双龙汽车来说意味"雪上加霜",上汽为避免这家韩国子公司破产,不得不放弃了其股东的管理权利。一家在4年前还价值5亿美元的企业,四年后的股权价值已经十分低廉,上汽相当于为自己的海外投资战略交了40亿的学费。2010年来自印度的马亨德拉集团入驻双龙集团,上汽最终放弃了对双龙的控股管理,当然,分析家也指出,面对世界上最强的汽车行业工会组织,印度人

---

① 见朝鲜日报中文网报道:"韩工会太'强硬'让外企打包回家"。www.chosun.com/site/data/html_dir/2009/10.(2015年12月18日)。

② 以上分析内容详见http://auto.163.com/09/0116/19/4VQ96QR900081ROL.html(2015年12月18日)。

③ 详见http://auto.gasgoo.com/News/2008/12/03100312312.shtml(2015年12月18日)。

能否经营好双龙并将其成功扭亏为盈,以此避免重蹈覆辙,也是一个未知数。①

长达六年的并购和属地化管理经历对上汽而言是非常痛苦的。究其原因,主要在于上汽对韩国企业复杂的劳资关系以及劳资纠纷估计不足,尤其是对韩国汽车工会的"强硬"估计不足,又过分相信自己的协调能力。在"做大做强",力争进入"世界五百强"的目标下贸然对工会隶属于以激烈斗争著称的民主劳动总工会的双龙汽车进行收购,面对着拥有 5 000 多名工会会员的双龙汽车,上汽派往双龙汽车的工作人员最多的时期也只有 18 名,根本无法应付。排除汽车行业并购的特殊性②,工会因素是导致上汽失败的"杀手锏"。

## 6.3.2 吉利收购沃尔沃案

2010 年 3 月 28 日,中国吉利控股集团有限公司与沃尔沃汽车公司的股东——福特汽车——达成了最终的股权收购协议,获得沃尔沃公司 100％的股权及相关资产,这是迄今为止中国汽车业最大规模的海外收购案,也是中国车企首次收购海外高端汽车品牌。

从 2009 年年底吉利开始对沃尔沃进行实质并购计划,一直到最终并购协议正式签署,整个过程并非一帆风顺。在整个并购谈判的过程中,沃尔沃的工会扮演了影响并购成败的"关键先生"的角色。并购谈判刚开始时,沃尔沃的工会从保障本土员工利益的角度出发,代表全体员工要求吉利集团对并购的融资渠道、并购后的企业文化、管理层的构成、员工的福利待遇以及公司发展前景给予明确的答复,对此次并购提出了反对意见。吉利集团没有回避这些疑问,邀请沃尔沃工会参观了位于杭州的集团总部,并对他们的疑问做出了明确的承诺:沃尔沃的总部仍设在瑞典的哥德堡,保留自己的鲜明特点;目前的生产研发中心、经销商网络以及工会的

---

① 详见 http://auto.qq.com/a/20110228/000094.htm(2015 年 12 月 18 日)。

② 如有些评论家指出,民用汽车领域很难实现国际并购,即使丰田和本田这么成功的日本企业都不愿意在海外市场通过并购来扩展,而是选择自己建立独资企业;奔驰并购克莱斯勒也是以失败告终;通用并购算是成功的了,但现在也是都打算售卖出去。详见张耀东:《双龙事件是上汽海外扩张必须要交的学费》,http://auto.sina.com.cn/news/2009-01-10/0016448611.shtml(2015 年 12 月 20 日)。

协议都将保留;未来的沃尔沃由独立的管理团队领导;不关闭在瑞典和比利时的装配工厂和其他工厂,也没有裁员的计划。在吉利集团的积极努力之下,沃尔沃工会逐步接受了吉利的并购计划。工会的支持为吉利成功并购沃尔沃打下了良好的基础。

　　沃尔沃汽车公司创立于 1924 年,至今已有近百年历史,目前位列世界 20 大汽车公司之列,是北欧最大的汽车企业。浙江吉利控股集团始建于 1986 年,1997 年才进入汽车行业,尽管今年来发展迅速,但是 100% 收购"百年老店"沃尔沃汽车来说无疑是一个"蛇吞象"式的童话故事,尤其是上汽收购双龙失败的案例在前,业界普遍对这场收购持不乐观的态度,结果却是吉利仅用了 18 亿美元就得到了沃尔沃先进的造车技术,先进的企业经营和管理经验,还有沃尔沃多达万项的技术专利,完整的研发体系、供应链、员工培训体系、安全试验中心、大型试车场以及遍布全球的销售与服务网络。考虑到沃尔沃的上一家股东——美国福特汽车公司在 11 年前是以 64 亿美元的价格购入沃尔沃的,吉利最终仅以福特当初买入价的三分之一就完成了并购,这场买卖可以说真的非常划算。

　　事实上,在吉利成功并购沃尔沃之后也有很多质疑的声音。如果说之前的成功收购还具有一点偶然性的话,有一些福特汽车在金融危机的背景下希望专注于其母品牌的发展的原因,那么在并购三年之后吉利交出的答卷令世人震惊,扭亏为盈、销量提升、新厂落地、推进国产……仅仅 3 年多的时间吉利就让沃尔沃"旧貌换新颜",2013 年沃尔沃在华销售量猛增 46%,中国成为沃尔沃全球增长最快的市场,位于比利时根特的沃尔沃工厂——沃尔沃在瑞典以外规模最大的工厂,2010年时仅有 2 000 余名工人,随着吉利的收购,公司产量稳步增长,目前已有工人5 500 余名。随着沃尔沃品牌的成功运营,吉利汽车的营销渠道和品牌整合战略也进展顺利,2015 年第一季度,吉利汽车累计销量为 219 038 辆,同比增长约 40%,已经完成了 2015 年全年销量计划的一半,这个增幅远高于行业增长幅度,在中国自主品牌中更是首屈一指。(李丽、戚雅婷,2015:104)尽管与"追赶奥迪成为主流豪华品牌的车企"的宏伟目标还有一定差距,与同级别的奥迪相比,沃尔沃品牌的销量仅为前者的 1/4 到 1/3,而且营业利润率也偏低,沃尔沃的复兴还有很长一段路要走,但是考虑到收购之前沃尔沃濒危的状况与业界多起失败的跨国汽车并购案,吉利交出的答卷是令世人震惊的。

在 2015 年举办的全球汽车论坛上,吉利董事长李书福在总结收购沃尔沃经验时提到,国际并购中存在"七七规律",即七成的海外并购无法实现预期商业目的,其中七成的原因是文化因素,就文化因素而言,最难逾越的鸿沟有两个:企业资方与工会组织的关系以及中外管理方式的差异。①而在企业的民主化管理中,工会也是一个非常重要的因素,因此,要想迈过两个鸿沟必须重视与工会打好交道。被收购之前的沃尔沃有四个工会,在收购阶段,吉利就分别请他们到中国来,到吉利的工厂、车间全面了解吉利与员工的关系,带领他们去全国总工会、浙江省总工会了解相关情况;为了克服文化差异造成的障碍,吉利还专门成立了全球型企业文化研究中心,与全球各有关机构携手合作,共同探讨全球整合型企业的发展课题。

吉利对沃尔沃员工进行属地化管理的原则是"沃人治沃,放虎归山",其理念基础是调和东西方的文化理念,加强沟通与交流。

第一,属地化管理。美国福特当年兼并沃尔沃的策略是完全的收购方治理,沃尔沃的中高管理层全部被换掉,美国文化与欧洲文化的隔阂使沃尔沃感觉到"不自由",因此在吉利收购的早期,当地的工人以及工会组织对吉利充满敌意。吉利代表团 2010 年去哥德堡考察时即感受到了当地工人的负面情绪。在 2010 年 3 月 10 日瑞典媒体爆出吉利已经筹资 21 美元收购沃尔沃后不久,沃尔沃工会即表示,吉利还需 14 亿美元左右才能复活沃尔沃品牌,并对吉利的融资能力表示出怀疑。吉利现在再去哥德堡,当地工人"充满自信,满脸幸福,主动与中国人打招呼"。为了节约成本,沃尔沃想要关闭总部附近的一家工厂,需要裁员数百人,因为获得了工会的大力支持,最后问题得以稳妥解决。②巨大反差的背后是吉利尊重对方工会的意见,放手员工属地化管理的策略。在 2010 年完成并购之后,吉利想要延续福特之前的"接班人计划",但是沃尔沃总部工会组织的人表示反对,吉利充分考虑了工会的意见,接受了工会的建议,将曾在大众汽车公司任职多年的雅各布确定为首席执行官,此后又将来自德国曼卡车的汉肯确定为首席执行官。事实证明,工会的决策是十分正确的,两位领导人很好地推行了"拥抱吉利,协同发展"理念,为吉利——

① 详见腾讯网报道:"李书福再谈收购沃尔沃:让吉利获更好技术",http://auto.qq.com/a/20150613/007757.htm(2015 年 12 月 18 日)。

② 详见吉利集团报道:"吉利—沃尔沃跨国企业新范式",http://www.geely.com/news/news/info/10267.html(2015 年 12 月 19 日)。

沃尔沃的融合奠定了坚实基础。

第二,调和文化理念。东西方文化理念并非不可调和,关键在于在沟通和尊重的基础上包容互信,而中国人具有很多优秀的特质,比如包容、强调人文关怀,这些元素在与外国工会打交道的过程中会非常有用。中国企业在员工属地化管理中要正确认识外国工会的作用,不能把工会作为敌人,更不要惧怕他们,要学会与他们进行沟通,让工会影响工人,如此就会收到"事倍功半"的效果。

吉利总裁李书福在总结与沃尔沃工会打交道的经验时说道,我们"在与当地工会打交道的过程中发现他们并非一个不讲道理的组织",在没有谈之前,双方有一些误会,这些误会源于信息的不对称,"跟他们讲明白之后,他就鼓掌了,马上就什么问题都没有了"。当然,这需要中国企业在进行员工属地化管理之前充分调查对方工会扮演的角色、政府的支持力度、国家的法律法规等,对所要并购企业员工的态度、员工关心的问题等也要做好准备,做好各方面的风险评估。吉利从决定并购沃尔沃开始就投入了相当多的精力研究沃尔沃乃至瑞典的工会,结果发现瑞典文化中对工会的态度并不极端,工会提出的工资待遇、福利等要求必须合理公正才能获得政府的支持,如果工会的合理诉求使企业面临生存困难,政府会给予税收等方面的优惠,帮助企业共渡难关,吉利由此制定了劳资双方共同促进企业更好发展的谈判方案,努力在发展中解决企业经营管理中的问题,收到了很好的效果。(米鹏,2010:268)

## 6.3.3　首钢在秘鲁的员工属地化管理案

20 世纪末发生的首钢集团收购秘鲁铁矿失败案是在各类研究中国企业"走出去"的文献中多次提到的案例。主流的分析都认为,首钢集团失败的根源在于没有与秘鲁当地工会打好交道,无法满足当地员工高工资福利的要求,系员工属地化管理失控造成的失败[①],然而,近年来的研究表明,工会仅仅是众多压倒首钢这头巨型骆驼的"最后一根稻草",深层次的原因是跨国企业社会责任的履行。

---

[①]　相关的文献包括王权富:《不堪高工资高福利负担首钢在秘鲁受挫》,《中国经贸画报》1997 年第 4 期,第 51 页;高冰、张洁:《浅析我国企业在跨国经营中的劳资问题风险及解决之道》,《经济问题探索》2010 年第 1 期,第 57 页等等。

首钢秘鲁铁矿股份有限公司是中国在拉丁美洲的首个大型投资项目,它是 20 世纪 90 年代在中国加快改革开放步伐背景下,首钢总公司出于铁矿石自给不足的原因做出的海外扩张的战略选择。首钢集团公司在 1992 年 11 月 5 日曾以高达拍卖底价近 3 倍的价格收购了秘鲁铁矿公司,并承担了后者 4 000 多万美元的债务,保证 3 年内继续高额投入以实现矿山开采的现代化,成为第一家并购外国公司的中国国有企业。之后,由于首钢秘鲁公司经营不景气,秘鲁铁矿工人频频发动罢工。为控制局面,中方管理层违反当地劳动法规开除了矿区的工会领袖,从此使企业劳资双方的矛盾更加激化。出于各种考虑,首钢没有与罢工的工人开展沟通谈判,也没有让他们回到岗位继续工作,而是通过劳务公司聘用劳务派遣工以节省人力资本。但是此后劳务派遣工也进行了罢工,要求与正式工"同工同酬"。一直到 2006 年,首钢秘鲁公司每年都会因工人罢工而停产,损失巨大。在经历了长达 14 年的痛苦经历之后,首钢公司最终决定放弃秘鲁铁矿的部分股份。

事实上,首钢并非不重视工会的作用,或者不愿意为当地员工提供有竞争力的薪酬福利待遇。在收购之初,首钢就向秘鲁的工会领袖展示北京总部良好的劳资关系,诱人的薪酬待遇以及劳保条件。为了显示诚意,首钢对于秘鲁工会提出的福利条款全盘接受,不仅如此,他们还获得了更多的甚至有点离谱的待遇,比如 70 岁退休、男员工的情人或同居者经中介组织证明也可以享受首钢补贴等。但是随着公司经营逐渐陷入不景气,工会的要求越来越无法满足,工会开始不断组织工人罢工。而中方管理层却缺乏应对国外强势工会的经验,处理方式陷入了另一个极端:开除了工会领导人,爆发了更加激烈的工人运动。有学者撰文指出,首钢的错误之处就在于"把社会主义官办工会的一套运作模式带到了与中国国情完全不同的秘鲁"(王海澜、唐新元,1995:26)。

据各种资料显示,秘鲁是一个发展中国家,人类发展水平为中等,全国约有一半人口为贫困人口,主要经济活动集中在以农业、渔业为主的第一产业,第二产业主要是矿业和纺织业,高新技术产业和第三产业并不发达,但是秘鲁却奉行完全的市场经济体制,各个行业大多有自己的工会,工会运动频繁。据统计,秘鲁每年爆发 3 000 多起罢工事件,其中一半以上都未经政府批准,给企业的正常经营造成了巨大的负担。

如果借用我们前面的研究结论,即进行海外投资的企业必须研究当地工会的运行模式和政府的态度,并且依此制定人力资源方案,那么不难得出秘鲁是一个工会力量强大,难以打交道的国家的结论,从而把首钢的失败原因等同于上汽收购韩国双龙失败的原因,然而,近年来的个案研究表明,事实并非那么简单。

1992 年年底,首钢在秘铁股权买卖合同中做出了在竞标时的投资承诺,即除一次性支付 1.18 亿美元用于收购秘铁的股权外,还将在接手秘铁之后 3 年内再投资 1.5 亿美元支持企业的发展,包括更新机器设备,实施劳动保护措施等。但是 20 世纪 90 年代中期以后,由于产能过剩和面临行业转型,整个中国钢铁行业都陷入了极其困难的境地,首钢也不能幸免,尤其是 1995 年 2 月刚刚被评为"中国改革风云人物",将首钢一步步引领至时代巅峰的党委书记兼工厂管理委员会主任周冠五被卷入经济犯罪风波,黯然离职,首钢的扩张之路陷入了全面的"下行车道"。首钢在秘鲁的发展计划虽非完全违约,但是距离切实履约却有差距。首钢声称,1993 至 1995 三年间累计投资了 6 000 多万美元用于企业发展。但是,秘鲁审计公司公布数据显示,上述三年间,首钢对秘铁的实际投资仅为前者声称的一半左右,相当于合同承诺投资额的 1/4 左右。

1995 年 8 月,秘鲁政府为此前签订的秘铁购买合同补充两个附加条件。其中之一是要求首钢延期兑现投资承诺,否则将处以一定数额的罚款。根据相关延期约定,首钢应当在之后的四年累计投入 1.37 亿美元。四年之后,首钢秘铁又一次违约。首钢秘铁最终接受了处罚,并于 2000 年 3 月支付了以上投资差额总数的 25％作为罚款。①也就是说,首钢宁可缴纳巨额罚款也不愿意履行投资的约定,这不仅给秘鲁的首钢工厂和秘鲁政府留下了不诚信的负面印象,而且由于资金无法到位,首钢之前更新生产设备的承诺无法落实,老旧不堪的设备生产效率低下,工伤事故频发,进一步加剧了劳资矛盾。

据有关当事人回忆,首钢当初接手的秘鲁钢铁公司就是一副烂摊子,在首钢接管的前五年,秘铁公司几乎没有买过备件,两年没有进过材料,造成备件严重短缺,政府投入也非常有限②,其实不管是秘鲁公司还是秘鲁政府,当初对首钢收购大开

---

① 详见郭洁:《首钢秘鲁项目的历史与变迁》,《国际政治研究》2015 年第 1 期,第 51 页。

② 据有关资料显示,在 1993 年第一季度,秘铁 69 台采矿主体设备只有 20 台能投入使用;29 台矿车只有 7 台能启动;8 台牙轮钻车常出故障……对于这样一家大企业,秘鲁当局 1991 年仅投入资金 9.9 万美元,1992 年甚至一分未投。陈长久:《走进神秘国度:中国驻秘鲁大使手记》,中国文史出版社 2009 年版,第 213 页。

绿灯的真实动机是希望首钢能够投入巨额资金,盘活在 20 世纪 90 年代由于"员工裙带关系"导致人力资本膨胀,从而陷入经营困难的秘鲁钢铁公司①,而首钢未完全履行投资承诺的原因是对自身实力和整个外部环境的估计不足:首先,由于高价收购带来了沉重负担以及为启动生产要增加新贷款,首钢秘铁从一开始就是负债经营。1.2 亿美元用于收购秘铁,同时承诺负担后者逾 4 000 万美元的债务并将在未来 3 年内继续追加投资 1.5 亿美元,首钢此三项费用加起来高出竞争对手数倍,风险预估明显不足。其次,首钢在 1995 年前后扩张面过大,对其海外子公司的巨额投资需求明显无力回应。最后,矿业企业的生存严重依赖于外部市场,而整个 20 世纪 90 年代的钢铁市场表现疲软,1997 年爆发的亚洲金融危机使日本等主要客户订单明显减少,首钢面临着越来越大的销售缺口。秘鲁钢铁公司强势的工会只是掩盖了这些因素的影响。

我们认为,首钢对秘钢投资的承诺实际上是企业社会责任的一种体现。企业社会责任(corporate social responsibility,CSR)是指企业在创造利润、对股东承担法律责任的同时,还要承担对员工、消费者、社区和环境的责任,企业的社会责任要求企业不能把攫取利润作为唯一目标,强调要在生产过程中关注人的价值,强调企业对环境、消费者、对社会的贡献。企业在经营活动中履行社会责任的要求发端于 20 世纪 80 年代欧美企业在发展中国家投资办厂的过程中,仅就劳资关系而言,企业的社会责任包括在保障企业职工的生命和健康的基础上,确保职工的工作与收入待遇。企业的一切问题要在发展中寻求解决,而发展依赖于资金源源不断的注入,首钢对这一切明显估计不足。

另外,正如某些学者指出的,企业对社会责任的履行还依赖于外部的宣传和认可,首钢秘铁在履行企业社会责任方面也付出了种种努力,仅 2007—2008 年度该

---

① 据秘鲁国立圣马科斯大学(UNMSM)经济学教授卡洛斯·阿基诺(Carlos Aquino)介绍,当年在得知一家中国公司即将接管秘钢的消息后,历来对社会主义一贯抱有特殊认同感的工会,内心充满了乐观期待。一些人公开欢呼:"是中国的公司!中国是社会主义国家,是我们的朋友,会给我们更高的工资……它肯定与以前那个美国公司不同,那个公司不好,那是资本主义国家的公司……"来自卡洛斯·阿基诺 2014 年 5 月 16 日在北京大学国际关系学院所做学术报告,转引自郭洁:《首钢秘鲁项目的历史与变迁》,《国际政治研究》2015 年第 1 期,第 62 页。

企业投入千万美元帮助当地政府修缮居民住房,资助当地教育、科技、文化等多项项目①,但是这些努力除了企业的自我宣传外,很少得到秘鲁媒体的宣传和报道,也没有得到当地人的较多认可。相比之下,中铝集团在秘鲁的社会责任履行状况就要好得多,其主动设计和积极规划的做法收到了非常不错的效果。②

中国企业在"走出去"之后还要"站得住",真正做到"走进去"。首钢对秘鲁钢铁公司的收购以及长达 20 多年的员工属地化管理实践是一笔宝贵的财富,为我们研究如何规避海外投资中的劳资风险提供了一个值得深入开采的"个案富矿。"

## 6.4　终止劳动关系和裁员面临的劳资风险

员工不仅仅是企业的内部成员,是企业重要的资源,而且也是企业直接面对的社会公众。企业不论盈亏与否,都要善待员工,维护员工的利益,这是企业履行社会基本责任的要求,但是企业出于自身生存发展的需要,在必要的情况下也不得不采用与劳动者终止劳动关系,甚至是大规模终止劳动关系,即裁员的方式实现"自保"。中国企业在海外发展的过程中渡过了并购准备、本土化用工、本土化管理这三个阶段之后,在迫不得已的前提下也必须通过裁、退劳动者的方式为企业的发展战略保驾护航,那么如何在劳动者利益和企业自身利益之间实现平衡,是每一个期待"走出去"的中国企业都必须直面的问题。我们认为,终止劳动关系是一种较为极端的劳资关系处理方式,裁员更是一种具有负面的社会影响,甚至是政治影响的措施,在非必要时应当慎用。企业在面临经营困难时,应当尽量通过缩短工作时间、降低薪酬待遇等方式减轻人力资本的压力,而不要轻易地采取裁员措施。即使在万不得已的情况下裁员,企业也应当对员工践行法定的承诺和保护,这不仅仅是企业社会责任和经济伦理的要求,更是很多国家通过立法确立的规则,一旦处理不好,面临的将是违反目标国劳资法律的风险。

---

① 详见《首钢年鉴 2008》,第 411 页;《首钢年鉴 2009》,第 372 页。
② 详见 http://www.chalco.com.cn/zgly/lib/pdf/2012.pd(2015 年 12 月 19 日)。

### 6.4.1 TCL 并购汤姆逊的裁员案

2003 年 11 月 4 日,中国 TCL 集团与法国汤姆逊(Thomson)公司正式签订协议,重组双方的彩电和 DVD 业务,合资公司取名 TCL 汤姆逊公司,简称 TTE 公司。TCL 集团在并购汤姆逊之后成为全球最大的彩电生产商,同时拥有了重构家电行业世界版图的实力,这对面临产能过剩和品牌溢价不足的中国家电行业无疑是一个重大利好消息,尤其是在欧美国家多次对中国家电产品提起反倾销诉讼的大背景下,"走出去"对 TCL 来说是一个义无反顾的选择。

TCL 早在并购时就发现,汤姆逊的彩电产品 2003 年在北美市场亏损高达 1.4 亿美元,而同期汤姆逊的欧洲业务仅亏损了几百万美元,于是 TTE 集团顺理成章地做出了将公司人力物力资源都用于北美地区扭亏的决定。2006 年上半年,收购后的原汤姆逊品牌在北美彩电市场占有率小幅上升,同比有了一些起色,第四季度甚至扭亏为盈,但是,没想到的是原先经营状况还不错的欧洲市场却又高额亏损。这一切源于彩电产业的技术革新,在 TTE 布局北美的同时,欧洲彩电市场发生了剧烈的变化,平板电视迅速取代了传统 CRT 电视,在 2006 年上半年,欧洲平板电视销售额已占彩电市场总销售额的近八成。但是 TCL 难以对市场做出及时的回应,最终付出了沉重代价,2006 年上半年亏损达到了 7.63 亿元人民币。[①]

TCL 董事长李东生此刻认识到,"欧洲彩电业务是集团扭亏为盈的关键",因此必须对欧洲业务进行裁员和人力资源的重组。但是,集团制定的重组计划需要的现金费用中,员工的安置费用占了绝大部分,这一切源于法国劳动法律法规对于裁员的严苛规定。按照法国公司裁员的惯例,公司必须在征得工会同意的情况下才能够裁员,但是 TTE 工会坚持保护弱者的原则,不能裁减老弱病残员工,只能先裁年富力强的,而 TCL 恰恰希望保留这些员工。TCL 在不得已的情况下只能把所有员工全部解散,支付巨额的补偿金,然后再招录那些希望保留的员工。据有关报道,TCL 为这次裁员付出的成本超过 4 000 万欧元。

---

① 详见夏明萍:《并购风险及控制分析——TCL 海外并购的案例分析》,《科技咨询导报》2007 年第 27 期,第 35 页。

即使这样,新成立的 TTE 仍然很难满足对人力资源方面的需求,企业很快又陷入了"裁人裁不了""招人又招不到"的尴尬之中。一方面原因是彩电,尤其是 CRT 彩电行业在欧美国家已经属于夕阳行业,这方面的人才目前已经很难招到,当初汤姆逊把彩电业务卖给 TCL 就是不看好 CRT 彩电技术的前景,想甩掉这个包袱,TCL 对产业发展方向的判断出现失误;另一方面是 TCL 对法国企业裁员的程序准备不足,按照法国法律相关规定,企业想要裁员需要提前 3 个月通知,还要支付高额的补偿金;裁员超过 10 人的话,资方需要与工会谈判决定。所以在 TCL 收购汤姆逊之后,在工会的压力下外方人力资本的整合非常困难,而在中国国内这是基本上不会遇到的。

TCL 的海外经营以失败而告终,这其中固然有对业务发展前景判断失误的原因,但是如果能够及时实现对人力资源战略的调整也不至于损失如此惨重。董事长李东生在回忆这次海外经营的经历时叹道,"没有想到的是,在欧洲,解雇一个员工这么难,这极大地推高了公司的运营成本。"他曾在自己的微博上透露,在欧洲解聘人员,对于那些老弱病残必须优先安排工作,也就是说,"如果公司想要解雇员工,必须先解雇那些有能力的、年轻的、能做事的,因为这些人能够轻易找到工作。这就与解雇的初衷矛盾,本来是想解雇那些能力不足的留下能力强的轻装上阵,现在按照法律要求,要解雇先得解雇他们,那不是自断手脚吗?"①。

## 6.4.2 启示与总结

TCL 对汤姆逊的裁员案至少给希望"走出去"的中国企业这样一些启示:第一,科技企业的更新换代速度很快,要跑赢"摩尔定律"②,其产品的淘汰率远高于传统行业,人力资源结构的重组,尤其是裁员在所难免,企业必须有所准备③;第

---

① 详见《中国经营报》2010 年 1 月 24 日报道:"李东生出海惊魂:所有的错误都犯了"。

② 英特尔创始人之一戈登·摩尔提出,当价格不变时,集成电路上可容纳的元器件的数目,约每隔 18—24 个月便会增加一倍,性能也将提升一倍。摩尔定律是对 IT 行业未来发展趋势的一种预测,得到业界人士的公认,并产生巨大的反响。

③ 据统计,在 2014 年,全球五百强企业裁员超过 10 万人,其中 IT 行业占到 70%。http://www.yicai.com/news/2015/01/4059697.html(2015 年 12 月 19 日访问)。

二,对于海外经营的跨国企业来说,这一点尤为重要,因为在国外裁员要符合当地法律法规的要求,要与当地的工会,甚至是政府周旋和博弈。工会的阻力自不待言,由于裁员极大侵害了劳动者的权益,并且集中在某一地区、某一行业的劳动者大规模地"失去饭碗",这对政府税收、社保体系的维系、社会环境都是极大的打击,因此当地政府也会对资方设置各种限制,调查清楚目标国裁员保护的法律和政策,工会的组织模式和行动习惯,制定好人力资源预案是对希望"走出去"的企业的最低要求;第三,对目标国家薪酬福利水平要有足够的了解,实践证明,并购的企业往往都是因为外方企业人力成本过高陷入经营困境的,西方国家高薪酬和高福利带来的成本支出以及妥善处理收购完成后中外薪酬福利水平的对接与平衡也是中国海外并购企业必须考虑的现实问题之一(何佩琼,2011)。

"一着不慎满盘皆输",企业在无力承担并购产生的人力资本的情况下最佳的选择应当是放弃。这一点在本章"海外并购准备阶段的人事整合风险"一部分中已有论述,此处不再展开。

# 第7章
# 国外工会组织和劳资纠纷协商机制研究

随着经济社会的不断发展和全球化进程的加快,各个国家间、国家内部各阶层间不可避免地在各个方面产生矛盾和冲突。为保障国家经济社会健康、平稳发展,构建各阶层间矛盾、冲突的协商调解机制显得尤为重要。从世界范围看,全球经济正受到以资本为主导的全球化的冲击,对某一国家而言,处于全球化影响下的经济活动中最重要的矛盾关系之一便是劳资关系。如何有效处理劳资纠纷,充分发挥工会组织作为工人阶级利益表达的平台,建立成熟的劳资纠纷调解机制是各个国家面临的重要问题。根据商务部的统计数据,2014年中国境内投资者共对全球156个国家和地区进行了直接投资,累计实现投资金额1 028.9亿美元;截至2014年年底,中国累计非金融类对外直接投资达6 463亿美元;2015年1—11月,中国境内投资者对全球153个国家和地区进行了投资,累计实现投资金额1 041.3亿美元,同比增长16%。未来,随着中国"走出去"战略的大力实施,国内企业对外直接投资规模越来越大,可能面临的劳资纠纷将会越来越多。因此,了解国外劳资纠纷机制,尤其是探讨主要国家的工会组织在劳资纠纷协商机制中的作用,不仅对国内劳资纠纷的协商机制具有一定的启示意义,同时对于国内企业更好地对外直接投资,充分发挥当地工会组织的作用来处理劳资纠纷也具有重要的参考意义。

## 7.1 工会组织的发展及其在劳资纠纷中的作用

### 7.1.1 工会组织的产生和发展

工会组织是由劳动者组成的特殊社会组织,是劳动者利益的代表,工会组织的活动对于劳资关系的形成、变化和发展都有重要的影响。

发达国家企业工会出现在 200 多年前的 19 世纪初期。19 世纪以前,工人与雇主之间的劳动关系是由双方签订的《劳动合同》来确定的,《劳动合同》用以规定双方的权利和义务。事实上,在 18 世纪的英国,工业革命所引发的工业社会爆炸性成长将妇女、儿童、农民和移民都卷入工业大生产,成为雇主压榨的对象。在西方进入自由资本主义的初期,资本家还处于原始积累阶段,而资本原始积累主要依靠压榨工人的剩余价值,为攫取更多的超额剩余价值,资本家在雇工方面较少考虑劳动者的利益,再加上由于劳资双方力量相差悬殊,单个工人根本无法与企业家进行对抗,造成工人工作环境恶劣、工资待遇得不到保障。随着两次工业革命的发展,工人阶级队伍不断壮大,在此背景下,无技术和低技术劳动者自发联合起来成立组织,以对付强有力的雇主,从而诱发工潮的产生。与此同时,传统的劳资力量对比发生较大的变化,工会组织力量不断壮大,在与政府和资方谈判中的地位也逐渐得以提升,进而使得工会组织得到相应的法律保障。

根据 14 世纪时期英国的劳工条例,工会和集体谈判属于非法组织和行为,在战争时期政府将其视为动乱而进行镇压。虽然经常受到残酷镇压,但在伦敦工会组织依然长期存在。1818 年,英国曼彻斯特成立了博爱社会,这是第一个由不同部门工人组成的工会。直到 1867 年工会皇家委员会认同组织的建立对雇主和雇员都有利,工会组织终于在 1871 年合法化。

在此期间,其他工业化国家的工会组织也不断发展和壮大,特别是美国、德国和法国。美国第一个有效的全国性工会是 1869 年的劳动骑士团,在一系列法院判决后,其得以合法化缓慢发展。在德国,俾斯麦的反社会主义法被废除后,1897 年成立德国工会自由协会。在法国,工会组织直到 1884 年才得以合法化,1887 年成立 Bourse du Travail, 1895 年其与全国工会联盟合并, 成立全国劳工联盟。

## 7.1.2　工会组织在经济社会发展中的作用

20 世纪时, 基本上所有先进国家都曾有大规模的工人运动, 且这些工人运动都组织良好, 成为工业社会所固有的特征。一个全国性的劳工联盟对于国家尊严来说, 就如同军队、航空公司和外事机构一样, 是不可或缺的。(塞缪尔·亨廷顿: 1989)21 世纪后, 工会已成为市场经济不可缺少的组成部分。工会组织在经济社会发展中的作用包括以下两个方面。

(1) 通过参与各种立法与监督活动保障劳动者的合法权益。

从工会组织产生过程看, 工会组织最初的目的就是保障劳动者的合法权益。虽然各个国家为维护劳动者合法权益而采取的形式有所不同, 但总体看, 这种合法权益的维护主要体现为劳动者劳动环境、劳动报酬、劳动安全、教育和社会保障等方面。比如, 一些国家的工会依法享有立法倡议权, 通过倡议立法, 对劳动者的各种社会权益加以维护。一些国家的工会通过参加各种监督活动来跟踪保障劳动者的权益, 比如参加国家政策的制定, 对劳动报酬政策、标准及有关法律、法规执行进行监督等; 成立劳动保护委员会, 建立相应的组织和监察员队伍, 形成完善的劳动保护和监察体系; 建立就业服务中心和职业介绍所等机构, 解决劳动者的就业问题; 在劳动者的社会、医疗、教育和退休保险等社会福利方面, 成立社会保障或社会保障委员会等专门机构等。最重要的是, 几乎所有资本主义国家的工会组织都会通过集体谈判为雇员争取更好的工资待遇和工作条件。第二次世界大战后, 一些资本主义国家的工会组织, 通过集体谈判和民主参与, 保护了劳动者的经济、社会和政治利益。(郑桥, 2008:16—17)

(2) 构建和谐劳资关系和维护社会稳定发展。

劳资关系是指雇员与雇主之间的社会、政治、经济关系。(张世鹏, 2001:139)长期以来, 劳资关系都被视为资本主义社会是否稳定的“晴雨表”。事实上, 20 世纪以来, 在劳资关系比较和谐的时期, 资本主义经济发展相对较快, 社会较为稳定; 而在劳资关系恶化的时期, 社会往往出现动荡。工会的产生基于维护劳动者的合法权益, 但在发展过程中工会的职能不断调整和完善。通过工会运动达到职工的合法诉求后,工会组织的另一主要职能就是构建和谐的劳资关系,以维护社会稳定发展。虽然在劳资关系方面,工会的主要立场是维护劳动者的权益,但企业毕竟是劳动者就业和获取报酬的载体,只有不断壮大发展的企业和稳定的社会经济环境才能带来更高的收入和更好的保障。所以,工会组织在通过各种活动维护职工合法权益的同时,也需要考虑到企业的发展和社会的问题。因此,即使是在提高工资待遇或协调劳资纠纷的集体谈判中,工会也不是单方面考虑职工的所有权益,而是综合考虑国际经济环境以及企业所面临的困难,制定合理的工资水平和增长幅度,以充分调动企业和职工双方的积极性。比如,日本企业的劳资关系中,更多地是考虑到员工和企业共同发展,从而培养员工对企业的归属感、责任感,能够在企业快速发展时期共同获益,在企业困难时期共渡难关,这种命运共同体的劳资关系不乏用工会的协调作用,从而也对整个经济社会的稳定发展具有重要的促进作用。

## 7.2 美国工会组织与劳资纠纷协商机制

### 7.2.1 美国工会组织的产生与发展

1. 美国工会组织产生与发展的历程

美国工会组织具有悠久的历史,早在 18 世纪 90 年代,费城的木匠和鞋匠、巴尔的摩的裁缝、纽约的印刷工人和其他城市的手工业工人就组成了联盟。(章蕾,2010:113—116)1820 年以前,美国零星的劳工罢工多数是为了解决工资问题。随着商业资本家的出现以及一部分商业企业的发展和壮大,一些劳动工人开始越来越关注自身的权益,并通过实际行动来进行维护,从而罢工次数有所增加,劳资关系的问题变得越来越突出。在此背景下,作为美国第一个劳工组织,美国技工联合工会(Mechanics' Union of Trade Association)于 1827 年在费城成立,极大地鼓舞了为争取自身权益的劳工运动。但是工会组织的合法性并未在美国得到承认,19 世纪最初几十年里,工会意图提高工资和改善工作条件所举行的一致性罢工行动,都被美国各州法院指控为刑事犯罪。(周剑云,2007:107—112)

随着 19 世纪 50 年代美国北方资本主义工业革命的基本完成,北方的资本主义经济得到迅速发展,1860 年北方工业生产总值达到 18.8 亿美元,位居世界第四位,南方却仍然实行种植园黑人奴隶制度。北方资本主义的发展造成大量自由劳动力的短缺,美国内战解放了黑人劳动力,为美国资本家解决了自由劳工的短缺问题。(周余祥,2013)但正是由于大量黑人劳动力的解放,劳工之间的竞争愈加激烈。资本家为获得更多的剩余价值,不断压低劳工工资,劳工工作环境恶劣,基本工资待遇无法保障。在这种背景下,一些劳动者逐渐组成声势浩大的劳工组织,以争取和维护更大的自身利益。1869 年,7 个裁缝工会会员在费城成立劳工骑士团,成为美国工人阶级创立的第一个全国性的组织。劳工骑士团在 19 世纪 80 年代衰落后,美国劳工联合会(American Federation of Labor,AFL,简称劳联)于 1886 年正式成立,其主要目的在于为本联合会的会员追求更实际的经济利益,如争取更好的工资、更短的工作时间、更长的假期、更好的工作条件以及更优厚的福利。美国劳联成立后规模不断扩大,会员人数迅速增加,一度达到 500 多万。

20 世纪 30 年代,美国经济进入萧条衰落期,大量工人下岗、失业,劳工组织规模缩小到 300 万以下。1935 年 10 月,美国劳联在新泽西州举行代表大会,矿工工会主席刘易斯提出,工会不应该按照技术行业来组织,而应该按照生产行业组织,这一提议遭到否决。随后,美国劳联产生分裂,1935 年 11 月 8 个产业工会脱离美国劳联成立产业工人联合会(Congress of Industrial Organizations,CIO,简称产联)。此后 20 年中,美国产联和美国劳联为争夺美国劳工运动的领导权进行了激烈的抗争。后经过罗斯福新政复兴经济的一系列措施,加之第二次世界大战后经济复兴和繁荣时期的到来,20 世纪 50 年代中期,美国经济高速平稳发展,劳资矛盾日渐减弱。(刘戈,2012:47—48)在日趋保守和反劳工的气氛下,1955 年美国劳联和产联合并成立劳联—产联(AFL-CIO),共同反对新法,逐渐发展成美国最大和最主要的工会组织。美国劳联—产联约有 100 个全国工会和国际工会会员,包括三个不同层次:最基础的是地方工会,美国有地方工会约 6 000 多个;较高层次是全国工会和国际工会,全国工会由各地方工会代表组成,国际工会指在国外组织工人活动和成立地方工会;最高层次是全国联合会,如劳联—产联。(廖明,2007:102—104)除劳联—产联外,美国还设有联合汽车工人工会这个独立的工会。

2. 美国工会组织的现状与特点

第一,美国工会组织是由会员自发成立的,且只有非管理层员工才可以提出成立工会。企业员工成立工会需获得全体非管理层员工一半以上的投票率方可向劳工关系委员会提出成立申请,员工有参加或拒绝参加工会组织的自由。美国工会组织形式主要有工业或制造业工会、其他行业工会、公共事业工会三种,其中州以下的政府雇员不可以政府谈判,但具有组织工会的权利,可以起到呼吁自己的权利受到重视的作用。(李建英,2012:53—57)

第二,美国工会具有很强的独立性。美国工会组织,包括各大产业或行业工会,均由各自的代表或者下级工会选举产生,有独立机构、独立经费,独立运作,有明确的政策诉求,以追求本公会会员的最大利益为目标,以社会公平为诉求,具有较强的独立性。

第三,美国工会维权手段多样化。美国工会组织为维护本组织会员的合法权益,在法律允许范围内,可采用硬性和软性等多种手段进行维权,如可与企业主进行平等协商,集体谈判,开展国会院外游说,进行法律诉讼,必要时亦可采用游行示威、联合抵制、罢工等方式,这些方式对美国经济会产生了较大的影响,维权效果较为显著。

## 7.2.2 美国劳资关系及其协商机制

美国劳资关系管理共分两个阶段,第一阶段由法院管理劳资关系。19 世纪早期,美国法院裁定美国工会以罢工形式要求提高工资和改善生活条件的行为为犯罪。随着劳资关系的激化,工人经过激烈的斗争,最终迫使美国政府终承认工会的地位,美国劳资关系管理便进入立法主导管理的第二阶段,(周剑云,2007:107—112)美国开始通过立法来规定劳资双方的权利和义务,并通过成立劳动委员会等机构协调劳资纠纷。

早在 1883 年,美国劳联就曾游说美国国会,要求通过法令授予工会某种法律地位,使工会成为一个享有集体谈判权的组织。(周剑云,2009:62—73)19 世纪中后期,随着劳资纠纷的激化,国会通过《1988 年 10 月 1 日法案》,针对铁路公司之间的纠纷以及铁路劳资纠纷的仲裁问题进行了规定,即只要其中一方接受仲裁,那么另一方面也必须遵循,从而为铁路行业仲裁纠纷提供法律平台,但实际上并没有发挥任何效用。1898 年 5 月,为应对普尔曼大罢工,美国参众两院通过《厄尔德曼法案》,确定工会可以代表会员做出承诺,同时约束会员接受做出的承诺,并为会员的行为担责,从而为劳资纠纷提供了调解机制。然而,作为资方,企业频繁借助法院颁布禁令来破坏罢工以维护企业的生产秩序。据保守估计,1880 年到 1930 年,美国法院共发出至少 4 300 个禁令。直到 1914 年,美国国会制订《克莱顿反托拉斯法案》,禁止任何法官在劳资纠纷中颁发禁令。

1917 年俄国爆发的布尔什维克革命迫使美国政府不得不正式重视劳工问题,开始就劳动者关注的问题展开广泛谈话,最重要的是承认了美国工会的社会地位,并于 1918 年成立战时劳工委员会,负责在战争期间调解劳资纠纷问题。随着第一次世界大战期的结束,战时成立的各种管制机构的取消,原本相对和谐的劳资关系再次紧张起来,再加上美国经济的低迷,进一步激化了紧张的劳资关系,罢工次数从 1914 年的 1 204 次增加到 1919 年的 3 630 次。

经济大萧条后的 1933 年 6 月 16 日,美国国会通过《全国工业复兴法案》,赋予劳工组织工会的权利,并规定在工会就雇佣条件进行集体谈判时,资方必须参加,且谈判结果具有法律效力,使已经衰弱的工会恢复活力。随后,美国国会于 1935 年通过《瓦格纳法案》(《国家劳资关系法案》),从法律上保障了工人组织工会的权利,成为美国调整劳资关系的重要法律;另外,美国建立了国家劳资关系委员会,处理与集体协商相关事宜,为美国工会发展创造了适宜的制度环境。(董晓杰,2014:76—82)。为应对由于《瓦格纳法案》造成的工会会员数量大增引发的二战后大规模罢工浪潮,美国国会于 1947 年修订了《瓦格纳法案》,尽管遭到杜鲁门总统的否决,但通过了《1947 年塔夫脱—哈特莱法案》(Taft-Hatley Act 1947)(新的《国家劳资关系法案》),对工会的权力进行了限制,为平衡劳资双方的力量,禁止工会限制工人加入工会、拒绝同雇主谈判等行为。1959 年通过的《劳资关系报告与揭发法案》,授予联邦法院特定的权力,可以在紧急情况下禁止工人罢工或闭厂等阻碍生产的活动,对于工会的不当行为也要严厉处罚。

## 7.2.3　工会组织在美国劳资纠纷中的作用

### 1. 美国劳资纠纷的解决程序

美国劳资纠纷大致可分为权利争议、利益争议和资格性争议三种类型,针对不同劳资纠纷的特点确定不同的协商机制。其中权利争议是指因为对劳动合同或者对法律法规规定的权利和义务的解读和执行而引发的争议,此种争议一般通过不满申诉制度进行解决;利益争议是指因劳动合同的签订或合同条款的变更而导致的冲突,针对此种争议一般通过集体谈判、集体协议来解决;资格性争议是指在集体谈判、集体协议等情况下,针对工会组织谈判代表的资格确认而产生的争议,一般由国家劳资关系委员会通过行政程序进行解决。具体操作程序如下:

(1)不满申诉制度。当劳动关系根据劳动协议进行确认之后,企业主和员工的权利和义务便进行了确认,双方均应根据法律规章制度的有关规定,进行管理或劳动。但如果员工认为企业主违反了劳动合同的约定、法律法规、习惯做法、公司制度,工人可以对此提出"不满",此种争议将通过"不满申诉程序"进行解决。其主要程序是:首先由企业管理层选举出资方代表与工会组织选举出来的工会代表进行会议协商,以寻求企业内部解决。如果内部解决问题无法达到预期效果,便寻求外力予以干预,即由劳资双方自愿选择的第三方进行仲裁,仲裁过程的程序问题可以通过法庭诉讼解决,仲裁庭一般由资方代表、工会代表、中立人士各一名组成,在组织听证会后,仲裁庭做出最终决定,最终裁决结果对劳资双方均有约束力。如果员工没有参加工会,则可自行与雇主协商,如果协商达不成协议,则进入法律规定的劳资纠纷处理程序。国家劳动委员会处理工会会员与用人单位之间的劳资纠纷,美国劳工部负责处理非工会会员与用人单位之间的劳资纠纷,平等就业委员会负责处理因就业歧视产生的劳资纠纷。

(2)集体谈判。由于美国工会组织通过与资方代表进行集体谈判、集体协商的方式来帮助员工自身提高经济利益,且产生了明显的效果,因此可以说集体谈判是美国解决劳资纠纷的较为基本的方式。1933年以来,美国政府先后颁布《全国工业复兴法案》《国家劳资关系法案》《公平劳动法案》《国家劳工管理关系法案》及《劳资合作法案》等法律,明确工会作为集体谈判主体一方的合法资格和权利。(北京市总工会劳动关系代表团,2005:3—7)具体操作上,劳方谈判代表由多数员工指定或选举,作为工会组织就经济利益与资方进行谈判的代表,谈判形式和结构多样,有全国级、地方级、公司级、工厂级等。工会对员工的要求进行收集、整理,在此基础上与资方进行谈判,资方在研究后提出修改方案,如此可能经过多轮谈判,已达到劳资双方最佳协商点。如果协商不成,工会也可以组织工人进行罢工,以逼迫资方让步,引起政府进行干预,一般会给资方造成较为严重的经济损失。

(3)美国劳动仲裁和调解制度。美国联邦政府设立了调解与和解服务局,并赋予其很多功能,如为保障病人的人身安全,对医疗行业的超时工作时间有一定限制;对政府工作人员不能罢工,可组织工会;对劳资双方的谈判进行干预和调解。美国有 200 余人的调解队伍,为劳资双方谈判调解服务;还有 1 400 名仲裁员,处理员工遭解雇或因违纪遭开除,或对合同解释有分歧等事件。另外,调解与和解服务局也进行管理冲突、研究项目等方面的国际交流,或开展冲突调解方面的培训教育活动。

(4)法院诉讼程序。对于劳资纠纷问题,如果劳动争议当事人对于劳资纠纷处理机构做出的裁决不服,可以起诉到法院通过诉讼程序来解决。但一般情况下,由于诉讼程序需要支付相应较高的成本,所需时间较长,且不利于和平解决劳动纠纷,在实际中较少使用。

2. 工会在美国劳资纠纷中的协调作用

美国工会在调解劳资纠纷中发挥着不可替代的重要作用,主要表现为:

第一,工会是劳资关系运行的实体规则和程序性规则的建立者。美国工会十分重视从源头上,即在立法和社会政策制定方面积极参与劳资纠纷的处理,使集体谈判、集体协商、资格权利等获得联邦或州法律的保障,从而在根本上维护员工的合法权益,促使劳资纠纷的解决。从美国劳资关系相关法律的制定和执行来看,美国工会所举行的罢工活动发挥了重要的作用。

第二,劳资纠纷解决中工会具有排他性和唯一代表性的特点。美国法律规定,某个劳工只能参加一个工会组织,对于既定的劳工群体,只有一个工会有权代表他们。这就意味着产生劳资纠纷时,如果工会参与劳资纠纷处理,资方只能与该劳工参与的工会进行协商谈判,其他工会也不能干预它们之间的谈判。在这种情况下,工会就具备排他性和唯一代表性的特征,但由于单独劳工与资方谈判的力量明显薄弱,因此,在多数情况下,工会组织代表员工的利益,针对工人工资待遇、福利等权益或者企业决策等重大问题与资方代表进行谈判,具有更好的效果。

第三,强大的工会可在劳资纠纷中多途径维护员工利益。实际上,直到 20 世纪 30 年代,在劳资纠纷中,美国政府常常倾向于支持雇主。工会要吸引更多的会员,就需要更多地为员工谋利益,因此在作为工会会员的员工利益受损时,就会采取行动向资方甚至政府施加压力。比如,美国工会拥有巨额养老金,完全可以冲击资本市场以及大企业的经营决策,从而要求管理层改变劳资关系或者积极处理劳资纠纷问题,也会在劳资纠纷的谈判中给予资方更大的压力。实际上,在2008年的金融危机期间,摩根士丹利、美国银行和华盛顿互惠银行等多家银行都受到工会类型的机构投资者冲击。(李惠先、王嗣杰,2009:92—94)

3. 美国工会组织在解决劳资纠纷中存在的问题

虽然在劳资纠纷的解决中,美国的工会组织发挥了重要作用,但也不能忽视其所面临的挑战。

第一,美国工会组织多元化,力量相对分散。美国工会除劳联—产联外,还有相当多的独立的全国性工会。据统计,美国约有110个全国性工会,而德国只有17个。过度分散的工会组织使得全国的工会难以形成强大的斗争力量,往往在劳资纠纷中处于劣势地位。

第二,美国工会入会率不断降低,会员数量增加困难。在20世纪30年代,罗斯福新政促进了美国工会的迅猛发展,1956年的工会组织率达到35%的巅峰。(周志成,1992:85—90)20世纪70年代以来,美国工会组织影响力日益减弱,工会组织率不断下降,2013年已跌至11.3%。[①]其中主要的原因在于美国私人小企业较多,工人较为分散,且工人内部层次差异较大,组织起来困难较大。如美国私企员工入会率仅有8%,政府公务员入会率为30%,平均入会率为12%。

# 7.3 英国工会组织和劳资纠纷协商机制

## 7.3.1 英国工会组织的发展与演变

17世纪末,随着中世纪行会的衰落和大机器生产的发展,工人组织起类似俱乐部的组织"礼拜堂",发展为与资方就工资待遇进行协商的工会组织雏形。18世

---

① BLS, http://www.bls.gov/news.release/union2.nr0.htm/2014-01-24。

纪末至19世纪初,英国正处于工业革命发展过程中,为争取改善工作条件和待遇,工人们不断组织工会,工会运动迅速发展。1799年7月,英国议会通过《结社法》,认为凡是组织团体或妨碍工人劳动以争取变更法定工资和减少劳动时间的行为都是违法的,要处两个月以上的监禁。(赵祖平,2012:76—82)经过工人的不断努力,终于在1824年取消了《结社法》,工人才获得结社的合法权利,结社规模迅速从地方扩大到全国,并引起政府的警觉。1825年,英国政府出台新的《结社法》,该法相对于1799年的《结社法》相对宽松,允许工会为增加工资而罢工,但不可以采取"胁迫"和"堵塞"等行为。虽然此后英国工会的活动依然受到政府限制,但已是合法组织。(刘成,2014:22—29)此后,工会采取罢工的形式来对抗雇主任意减薪、开除工人的行为,而放弃了激烈的暴力抗争。在此期间,英国成立并消亡了3个值得关注的工会组织,分别是1829年12月成立的联合王国工厂纺纱工总工会,这是英国第一个全国性的工会组织;1831年的全国各业劳工保护协会,这是英国第一个跨行业工会;1834年成立的全国大团结工会联合会。

到19世纪中叶,随着英国工业化的完成,英国经济发展出现了大繁荣,1850年后的20多年的时间是英国经济发展的黄金时代。在此背景下,英国的资方由于企业利润大幅增加,为扩大再生产和扩大企业规模,获取更多的利润,资方表现出提高工人工资水平、改善工作环境的意愿,从而为集体谈判提供了可能,在一定程度上也改善了以往相对紧张的劳资关系。受此影响,19世纪中后期,英国工会组织发展较快。1851年技师、机械工、锻工、磨轮机工和制模工混合工会(简称机械工混合工会)成立,只有技术工人才能入会,会员须缴纳较高的会费,一般不组织罢工,而是通过协商与雇主达成协议。此后,其他技术工人工会纷纷效仿,从而成为英国劳工运动的主流形式。1863年,在矿工协会的基础上成立"全国矿工联合会",为英国工会运动做出了很大的贡献。

早期,英国工会组织并不热衷于政治,只关注于工人阶级的经济利益。然而,在争取自身利益的过程中必然会涉及法律问题。由于法律是由议会制定的,且工会的地位也需要法律界定,因此,工人阶级逐渐意识到,经济利益的获取必须要有政治支持和法律保护。要达到这种目的,则英国议会中必须要有工人代表。基于这种考虑,1868年英国成立了全国性的工会联盟——工会联合会,并任命一个议会委员会,目的在于选送工会代表进入下院。1874年,在自由党的帮助下,两名工人候选人竞选成功,成为英国最早的工人议员。于是,工人支持自由党成为工会政治运动的主要倾向。"自由—劳工同盟"逐步形成。(刘成,2014:22—29)由于自由党在逐渐衰弱,且考虑到自由党不可能代表工人阶级的经济利益,于是工人此后开始了独立参加竞选活动的尝试。1892年,作为工会联合会第一书记的哈迪在自由党拒绝提供帮助的情况下竞选议员成功,并于1893年正式成立独立工党(Independent Labor Party)。然而,代表英国最贫穷阶层利益的独立工党在1895年大选中28名候选人全部落选,使工会意识到需进一步进入政治领域。于是,工会决定支持工人阶级竞选议员。1900年2月,由全国的工会、工人合作社、费边社、社会民主同盟、独立工党代表召开的一次特别会议决定建立"劳工代表权委员会",帮助和组织工人阶级候选人参加大选。1906年,在"劳工代表权委员会"的帮助下,29名工人当选为议员,另有25名工人以自由党的名义进入议会。同年,劳工代表委员会正式更名为"工党"。1924年工党首次组阁,开始与保守党轮流执政。二战后至20世纪70年代末期是英国工会鼎盛发展时期,英国工会在政界具有绝对的支配地位。但1979年保守党撒切尔执政后,通过《工会法》《就业法》等法律,大大削弱了工会的力量,工会在英国政界的影响大不如昔。21世纪前10年,英国工党连续执政,工会又取得一定发展。

### 7.3.2 英国劳资关系发展及协商机制

#### 1. 政府放任自由时期

在英国工业革命快速推进的18世纪下半叶,英国劳资纠纷中工资问题最为突出,几乎所有行业都存在关于工资问题的劳资纠纷。但在当时,由于这种冲突规模不大,且影响较小,英国政府很少利用强制性手段来解决,而是采取放任自由的政策,由劳资双方自行协商。由于劳资双方力量悬殊,当劳资纠纷发生时,尤其是资方违反集体谈判结果时,由于无法诉诸法律,工会只能通过罢工、示威游行和闭厂等进行制裁。(王益英,2001)虽然此后经历《结社法》的制定、废除和重新制定,但在此期间,由于在涉及工资问题的劳资纠纷中,政府往往会维护相对强势的资方,使得劳方处于更加弱势的地位,在19世纪中期之前劳资双方很少就工资问题进行谈判,从而造成劳资矛盾尖锐,劳资双方纠纷不断,工人罢工问题频发。虽然在劳资纠纷急剧爆发的 19 世纪,英国政府一方面对劳工运动进行镇压,另一方面也试图通过调解与仲裁来缓和劳资关系。1824 年,英国议会通过的《关于巩固和改进劳资争议仲裁的法案》规定,在雇主和劳工就某条合约的解释或工资支付方面存在的分歧交由地方法官仲裁,但实施效果并不理想。这主要有两个方面的原因:从雇主方面看,由于自愿主义是英国劳资关系中根深蒂固的传统,反对任何外界的介入,而仲裁损害了这种自由,因此不愿采用。从工人方面来看,更多地是担心仲裁人倾向于支持雇主而不愿意提请仲裁。

2. 政府采取调解时期

到 19 世纪中期后,随着英国经济的空前繁荣,工人生活水平明显提高,虽然政府依旧采取放任自由的处理方式,但总体上劳资关系明显缓和。但 19 世纪 80 年代开始,由于劳资纠纷严重到危及社会稳定,英国政府不得不对劳资纠纷问题加以重视,于是采纳皇家劳工委员会专家们的建议,不再从法律上限制劳资双方集体谈判。1896 年,英国政府颁布《调解法》,将政府调解作为一种制度固定下来,在劳资双方对政府调解达成共识的情况下干预劳资纠纷。(柴彬,2013:71—78)直到二战后的最初几年,英国都支持劳资双方通过集体谈判、以国家立法为补充来解决劳资纠纷问题。

3. 三方协商的劳资关系及其改变

二战后的 1951 年开始直到 1979 年撒切尔政府执政,由于大部分时间有工党执政,鉴于工党与工会之间特殊的历史渊源和关系,英国政府在劳资关系和劳资纠纷的解决中倾向于偏袒工会,工会的实力不断增强。20 世纪 60 年代末期,由于政府主导的调解和咨询服务逐渐减少,英国工商业联合会和英国职工大会均认为,政府主导的机构在协调劳资纠纷中不能保持公正公平,进而呼吁成立一个独立于政府、企业和雇员的第三方来协调劳资纠纷。在这种背景下,1974 年 9月,英国成立劳动咨询调解仲裁委员会,通过提供独立和中立的服务防止和解决争议,建立和谐的劳动关系。(琳达·狄更斯,2007:29)1975 年,英国通过《就业保护法案》确认咨询调解仲裁委员会的独立地位,成为英国劳资纠纷调解的主要机构。

1979 年保守党上台后,强势的撒切尔政府又开始用法律权威干涉劳资关系,在 1980 年 8 月出台《就业法》草案,1982 年 5 月通过。1984 年英国政府通过一项新工会法,以限制工会的权利,削弱工会的力量。1979 至 1997 年间,英国政府在劳资关系方面都偏袒资方,工会力量也在这种高压下逐渐减弱。1990 年英国政府颁布的《雇用法案》取消了工会在由劳资纠纷引起的民事侵权行为的豁免权,而是要对参与的任何集体争议行动负法律责任。

1997 年执政的布莱尔政府通过对劳动相关立法进行改革的决议,从而采取兼顾劳资双方利益的劳资政策,英国劳资关系逐渐趋于好转(梁斌,2011)。布莱尔政府 1999 年颁布的《雇佣关系法案》恢复了参与提出集体争议员工的匿名投票制度,对集体谈判的规则进行了规范,但仍要求工会有义务向雇主提供罢工参与者的名单,以便让雇主能够采取一定的应对措施。被保守党废除的集体谈判权有关法律在一定程度上得以恢复。(郭瑞,2010)

### 7.3.3 工会在英国劳资纠纷中的作用

第一,独特的地位决定了英国工会在劳资纠纷协商中的重要影响力。在工党成立以前,英国工会在劳资纠纷中的地位与其他国家工会的作用并没有太大差异,主要是为了维护员工的合法权益而与雇主进行集体谈判,而在此过程中,英国政府基于自由主义传统,对雇主和雇员的这种劳资纠纷基本处于不干涉状态,基本交由工会和雇主自由处理,因此,工会便成为代表员工与资方协调劳资纠纷的主要参与者。工党成立后,尤其是工党执政后,鉴于工党和工会之间特有的历史渊源,工党在劳资纠纷处理中会更多地考虑工会的利益,因此有关劳资纠纷问题的法律规定会倾向于工会的发展和壮大。但执政党毕竟需要考虑到整个国民经济的发展,因而在某些问题方面也会和工会存在一定的冲突。

第二,独特的法律环境和工会组织形式削弱了在劳资纠纷的协调作用。一方面,英国劳资纠纷的解决主要是基于自愿主义传统,大部分纠纷倾向于在基层通过自主协商进行解决,即使由咨询调解仲裁委员会进行解决,其仲裁结果也不具备强制的法律效力,不得要求法院强制执行,因此其产生的效果较弱。另一方面,相对于其他西方发达国家,英国工会以行业工会为主,一个工人可以参加多个工会,各个工会相互独立,从而造成工会吸收会员的冲突,不利于工会团结(佘云霞,2001:54—57)。

## 7.4　德国工会组织与劳资纠纷协商机制

### 7.4.1　德国工会组织发展与演变

虽然近年来工会组织率下滑使德国工会的影响力有所减弱,但德国工会依然是欧洲最有实力的工会组织之一,在德国劳资纠纷协调方面发挥着重要作用。

1848 年德国印刷业工人组建了德国第一个工会组织,1863 年全德工人联合会成立,1869 年一部分自由主义派工人分离出来单独成立德国机械建筑工与五金工人工会联合会,主张首先用谈判的方式来解决劳资纠纷。[①]1869 年德国成立社会民主工人党,与全德工人联合会在 1875 年合并为社会主义工人党,1891 年更名为德国社会民主党。为加强各工会组织之间的紧密联系,1890 年 11 月,德国工会举行代表大会,成立德国工会总委员会,简称"自由工会",针对工会开展宣传活动、组织罢工、维护工人合法权利等制定了严格的行动章程。

第一次世界大战期间,德国工会发展受到较大的阻碍,在这期间,1916 年德国颁布《预备服务法案》(Auxiliary Service Law),规定雇员超过 50 人的企业必须建立工人委员会,在战时可以代表工人进行谈判,并设置调解委员会。总之,19 世纪末至 20 世纪初,德国各种工人组织迅速结成紧密的"卡特尔"组织。1929 年的经济大萧条期间,德国工会与政府之间的斗争异常激烈,此后德国工会组织发展受到较大阻碍。1933 年 1 月 30 日,希特勒任总理后,取缔所有工会,成立德意志劳动阵线(Deutsche Arbeits Front),要求资本家入会。

第二次世界大战末期,随着盟军陆续占领德国城市,地方工会迅速重建,各地兴起重建工会的浪潮,但各占领区工会重建呈现不同的路径。1946 年苏占区的东德建立了自由德国工会联合会(FDGB),逐渐成为德国社会团结党的政治工具;西德地区的工会组织在 1948 年恢复社会地位,1949 年 10 月 16 个行业工会成立德国

---

① Wolfgang Uellenberg-van Dawen, Gewerkschaften in Deutchlandvon 1948 bisheute. Ein Ueberblick, Muenchen: Olzog, 1997, 23.

工会联合会(DGB),成为西德第一个全国性的统一工会组织,并从1950年开始广泛参与德国政治、经济、社会事务。直到1978年,1950年成立的德国警察工会作为第17个行业工会加入德国工会联合会。1989年工会联合会调整后仍有16个下属产业工会。

1989年德国统一进程开始之后,德国工会联合会强调德国社会经济体系的统一性,与原东德地区的自由德国工会联合会,工会组织的网络开始覆盖整个德国地区。1990年至今,德国工会组织不断发生改变,通过积极参与法律框架和社会体系构建,维护德国劳资双方的集体谈判模式,切实维护工人的实际利益。

目前,德国工会联合会是德国最大的工会组织,除此之外,还有德国公务员联盟、德国职员工会和基督教工会联盟三个小工会。总体看,德国工会组织呈以下几个特点:第一,德国工会以是行业为基础的组织。德国工会联合会由五金工会,服务业工会,建筑、农业与环保业工会,矿山、化学与能源工会,教师科研工会,食品餐饮业工会,警察工会,铁路、交通运输业工会八个行业工会组成。第二,无论是总工会还是行业工会,都包括联邦、州级和地方三个级别,遍布全德国。第三,德国工会组织是工人自愿结合的。德国实行自愿入会原则,员工不能被阻止入会,也不能被强迫参加工会,一个企业的员工只能加入一个工会。第四,德国工会组织无政治属性。德国工会不允许与政党产生任何依附关系(王珍宝,2013:41—46),但可以依靠其在政党或议会中的会员代表工人的利益影响立法或社会政策制定。

## 7.4.2 德国劳资关系演变与协调机制

德意志帝国在1871年建立之后,由于经济危机爆发,工人运动空前高涨,在政府的高压镇压下,工人组织被迫转入地下,此时工会组织并没有得到法律认可。经过工会的长期努力,再加上第一次世界大战的时机,1916年德国通过《预备服务法案》,确认了工会的法律地位。此后德国劳资利益集团走上合作的道路,1918年10月代表劳方的工会与代表资方的企业主联合会开始谈判,并于11月15日签订了《斯廷内斯—列金协议》,规定企业不能限制工人的结社自由;企业员工超过50人时必须设立工人委员会,在工会中同企业主共同管理工厂;设立协调委员会;工会被视作工人的职业代表机构。1919 年劳资合作被写入魏玛宪法,1920 年魏玛共和政府通过具有划时代意义的《企业代表会法》(岳伟、邢来顺,2011:701—706),将企业内福利政策与经济政策的共决权赋予企业代表会。1929 年的经济大萧条使欧洲陷入前所未有的困境,卡宾政府抛弃了集体谈判的形式,直接由政府规定工资标准和工作条款。希特勒上台后,废止工会,并于 1934 年颁布《民族劳动秩序法》,取缔《企业代表会法》,直到第二次世界大战结束后,企业代表会制才得以重新实施。

1951 年,德国工会联合会及下辖的矿工和钢铁工会以罢工相威胁,迫使德国联邦议院通过《煤钢行业共同决策法》,并在 1956 年和 1971 年通过《煤钢共决补充法》和《煤钢共决延伸有效法》,进一步推广了监事会劳资对等共决制。1952 年德国通过的《企业组织法》规定,超过 20 个雇员的企业要设立由全体雇员选举产生的企业代表会,雇员代表要在企业监事会达到三分之一。2004 年,德国联邦议院将该条从《企业组织法》中剥离,单独制定《三分之一共决法》,并于 2008 年进行修订,明确规定企业雇员在 500—2 000 人时,根据企业代表会的建议,全体雇员要通过"秘密、平等"的方式选举监事成员中三分之一的雇员代表。1976 年德国制定的《雇员共决法》规定,雇员超过 2 000 人的大企业要全部实行监事会劳资对等共决制,即监事会成员的 50% 要由雇员选举产生,另外 50% 由股东大会选举产生。《煤钢行业共同决策法》《企业组织法》和《雇员共决法》共同构成德国劳资关系的劳资共决机制基础,企业员工可通过监事会及企业委员会参与企业管理活动。德国企业股东大会下面设立董事会和监事会,其中监事会是企业的最高领导机构,负责监督董事会和参与决策。企业员工可根据法律选派一定比例的代表进入监事会,代表全体职工行使企业部分决策权。德国劳资共决机制的核心是企业委员会。(徐志强、吴芳,2015:33—38)企业委员会由员工选举产生,代表员工在法律和劳资双方签订的行业协议范围内行使权力,在本企业的福利、劳动、人事和经济事务方面参与一定程度的决策和管理。

### 7.4.3　德国劳资纠纷协调与工会的作用

德国是第二次世界大战后西方国家劳资关系处理得最好的国家之一,这与其独特的"劳资合作"模式不无关系。(曹婉莉,2005:27—30)在所有发达资本主义国家中,联邦德国发生劳资冲突的规模与频率以及它所损耗的劳动日明显低于其他国家,而工人生活保障的水平却在不断提高。(孟钟捷,2009:27—32)

1. 德国劳资纠纷的协调与处理

德国非常重视劳资纠纷的协调与处理。早在 19 世纪初,德国就通过法院处理劳资纠纷。为缓和冲突、排除纷争、稳定社会关系,1952 年,德国设立专事审理劳资纠纷的劳动法院和独立的司法体系,并制定《劳动法院法》,从而将劳动法院从普通法院体系中分离出来,这不仅是劳动法院组织法,规定了劳动法院的设置和组织机构;同时也是审理劳资纠纷诉讼的程序法,规定了劳动法院审理劳资纠纷的程序,主要包括(周贤奇,1998:108—117):第一,《劳动法院法》管辖的劳资纠纷主要包括单个雇员与雇主因工资、解雇等私权性的纠纷,集体合同方面的纠纷及企业委员会与雇主之间的纠纷,针对不同类型的劳资纠纷设置不同的程序。单个雇员与雇主之间的一般劳资纠纷采用"裁判程序",集体劳动合同纠纷一般采用决议程序。第二,德国劳动法院共分为基层劳动法院、州劳动法院和联邦劳动法院三个等级,其中基层劳动法院负责劳资纠纷的初步审理,州劳动法院负责劳资纠纷的上诉案件审理,联邦劳动法院负责不服上诉法院裁判的劳资纠纷案件复审。第三,德国非常重视调解在劳资纠纷处理中的作用。初审程序开庭前,担任法庭审判长的职业法官要主持双方相互协商,以达成调解协议,这是初审法院审理劳资纠纷的必经程序,否则不能收取诉讼费用。如果调解成功,则调解结果具有法律效力;如果调解失败,则进入庭审程序。实践中,法院以调解结案处理约占案件总数的 70%。第四,法院审理劳资纠纷时采取职业法官与名誉法官相结合的形式,其中名誉法官来自企业,具有与职业法官一样的权力。第五,诉讼费用较一般诉讼费用更低,其中调解不收取费用,决议程序不收取费用。

2. 工会在集体谈判制度中发挥着重要作用

德国的劳资纠纷主要有两类,一类是单个雇员与雇主的劳资纠纷,对于这类劳资纠纷,工会会员的雇员在劳资纠纷处理过程中可以寻求工会的帮助,德国工会联合会根据劳动法院的分布相应地在全国各地设立法律保护办事处,就是为了方便会员处理劳资纠纷。工会在接到会员的合理要求时,会出面与企业协商,以便达成和解协议。如果不能达成和解协议,会员还可以向工会申请法律援助,代理诉讼。

无论是提供法律咨询还是代理诉讼都是免费的。如果雇员没有参加工会，一般通过参加保险来解决，通过保险由律师代理诉讼。如果劳资纠纷上升到州劳动法院和联邦劳动法院，当事人须聘请律师或者工会或雇主协会代表出庭代理诉讼。第二类劳资纠纷是指工会、企业委员会与雇主协会之间的劳资纠纷。这类劳资纠纷可能涉及所有工会会员的利益，工会直接出面与雇主协会之间进行协商，或者走法律程序。

不仅在劳资纠纷处理过程中工会发挥重要作用，工会也可以参与立法活动，从而影响劳资关系方面法律的制定。虽然德国工会不允许具有政治属性，但这不影响代表工会利益的议员反馈工会的意见，提出有利于劳资纠纷解决的议案。

另外，在共决机制下成立的企业委员会在调解和处理劳资纠纷中也发挥着重要的作用。在雇主与雇员产生劳资纠纷时，企业委员会可以出面调解和协商；如果雇主要解雇雇员，必须征询企业委员会的意见，企业委员会便可以发挥调解劳资纠纷的作用。

## 7.5　日本工会组织和劳资纠纷机制

### 7.5.1　日本工会组织的发展历程与演变

在缓解劳资纠纷的世界各国工会组织中，日本工会可以说是个典型。自 1897 年第一个工会成立以来，日本工会经历了 100 多年的发展，但其真正的发展是在第二次世界大战以后。

甲午战争后的 1897 年 12 月，日本相继成立铁工工会、日本铁路矫正会、印刷工人工会等工会组织，以努力改善工会会员的劳动和生活条件，提高工人的生活品质和社会地位（刘文，2012：35—46）。1898 年 2 月，日本爆发铁路公司大罢工，但在政府和资方压制和怀柔政策并用的情况下，工会快速发展的局面很快结束了。此后，日本一直处于战争或不稳定的经济环境中，从而给日本劳资关系带来转机，但日本工会发展受到阻碍，工人的合法权益并未得到保障，主要体现为工会组织是非法的，劳资纠纷被视为治安问题予以解决。

第二次世界大战之后,由于日本经济受到重创,日本工人处境艰难,从而引发加入工会组织以改善生活条件和收入水平的巨大需求,工会组织和工人运动迅速发展。日本拥有的工会会员人数由 1945 年 12 月的 38 万人增加到 1946 年的 375 万人,工人组织率由 1945 年末的 3.2% 提升至 1946 年 4 月的 40%,1948 年末又增至 55.8%(刘文,2012:35—46)。鉴于工人生活条件的悲惨以及工会力量的不断壮大,劳资纠纷迅速增加,罢工斗争此起彼伏,日本政府不得不相继颁布法律,承认工会的合法地位,进而促使工会取得进一步发展。

1946 年 8 月,日本成立全日本产业别工会会议(简称"产别"),参加世界工联,到 1957 年 12 月有会员 1.3 万人。此后日本工人运动进入高潮。1949 年 12 月,成立全国产业别工会联合会(简称"新产别"),到 1958 年 11 月时约有会员 4.1 万人。1950 年 7 月,日本工会总同盟、全日本工会联盟、国营铁路工会等反对日本共产党领导民主工会运动的工会联合组成日本工会总评议会(简称"总评"),并逐渐进入鼎盛时期,成为日本最大的工会组织。1956 年 9 月组建中立工会联络会议(简称"中立劳联")。

## 7.5.2　日本劳资关系及其协调机制

第二次世界大战后,日本劳资关系逐步走上法制化、制度化道路,主要包含终生雇佣制、年功序列工资制和企业利益共享制。

### 1. 终生雇佣制

日本企业存在一种不成文的规定,即大企业在雇佣员工时都采取终生制,只要企业录用某个工人或管理人员,将会一直雇佣下去,直到其退休。即使在经济不景气的时候,企业首先解雇的也是非终生雇佣人员,或者采取其他措施,尽力不去解雇终生雇佣人员。除非或者员工存在严重的违规或者犯罪行为,有损于企业名誉和对企业造成重大财产损失,或者员工无理由长期缺勤。但这种制度并不是法律规定的,只是一种惯例和默契,同时并不是双向的,即企业要终生雇佣员工,员工却可以辞职。

终生雇佣制的好处是能够是雇主和雇员之间形成长期稳定的关系,其主要优势表现在以下几个方面:一是终生雇佣制能够大大降低反复招聘的成本;二是有助于对雇员进行长期投资,培养职工的"特殊熟练技能";三是终生雇佣制下,职员不会担心失业,因而对于新技术的引进不会抵触,从而有助于提升劳动生产率。总体来看,终生雇佣制有助于培养职工的企业归属感,能够激发职工的工作热情。但也不能忽视的是,由于终生雇佣制下员工不担心失业问题,但随着新技术的运用,老员工不一定能够胜任新的工作需求,因此,雇主不得不在对员工进行培训方面花费大笔资金,从而帮助雇员在企业中提升自己的地位。

### 2. 年功序列工资制

1920 年的经济大恐慌时期,一些企业为挽留人才和熟练工人,开始逐渐将员工工资同本企业工龄挂钩,这便是最初的年功序列工资制。年功序列工资制,指企业正式员工的工资和地位能够定期提升的一种惯用体制,虽然也考虑工作业绩和能力,但主要由本企业工龄决定员工工资及在企业中的地位。

年功序列工资制具有以下两种基本功效:一方面,年功序列工资制保证了员工收入、待遇随工龄增长而改善,使员工不会轻易跳槽,因为跳槽后的工资将根据在新企业的工龄重新计算。另一方面,年功序列工资制与终生雇佣制相辅相成。年功序列工资制能满足工人不同年龄阶段的不同需求,在终生雇佣制下,由于可以预见更好的收益,会更关注企业发展,增强企业的凝聚力和员工的向心力。

### 3. 企业利益共享机制

日本的企业利益共享机制主要包含以下两方面的内容:一是职工持股制度。日本企业一般都设立职工持股会,职工可以将每月工资的一部分投到职工持股会,从而将职工的零散资金累计起来,以持股会的名义购买本企业的股票。由于持有本企业的股票,职工对企业的发展和盈利将会更加关注,从而将员工利益和企业利益紧密结合,成为命运共同体。二是企业工会对企业经营管理活动具有民主参与权和决策权。虽然企业工会由企业设立,但具有很强的代表性和独立性。一方面,几乎所有日本企业都成立了劳资协商会议制度,其成员由工会代表和企业行政部门代表共同组成,共同参与企业管理。另一方面,企业工会的财务是独立的,雇主无权干预工会的独立资产。因此,工会在很大程度上不会与雇主有很强的对抗意识,总体上会考虑企业的整理利益和长远发展,从而更好地与企业合作,通过协商解决劳资纠纷,以建立更好的劳资关系。

### 7.5.3 日本劳资纠纷的协调机制与工会的作用

1. 日本完善的劳资关系立法是处理劳资纠纷的保障

作为大陆法系的国家,日本注重通过立法来规范劳资关系,相关劳资关系立法主要包括《劳动组合法》《劳动基准法》和《劳动关系调整法》。其中,《劳动组合法》规定了工会成立等内容;《劳动基准法》规定劳动者的劳动报酬和工作条件的最低标准;《劳动关系调整法》规定由劳动委员会来协商、调解和仲裁劳资纠纷。(金红梅,2012:98—102)日本还制定了规范劳动者具体待遇和劳动条件问题的法律,包括《最低工资法》《工资支付确定法》《劳动安全卫生法》《国营企业劳动关系法》《男女就业机会均等法》等。

2. 发达的劳动法监督机构和劳资纠纷处理机构

为监督以《劳动基准法》为主的各项劳动法律的实施,日本政府从厚生劳动省到各都道府县都设立劳动标准监督机构和监督官员,监督指导劳动条件、劳动安全卫生、劳动保险支付等工作;检查和责令整改企业违反劳动法律的情况;禁止劳动者的违章冒险作业行为,保障落实法律规定的劳动者合法权益。(陈雁,2008:10—12)

总体上,日本政府一般不介入具体的劳资纠纷处理,而是为创造和谐的劳资关系创造条件,只有争议较大或复杂的案件才会提请法院以诉讼的方式解决。为协调处理劳资纠纷,日本《劳动组合法》规定,中央政府和地方政府都要设立劳动委员会,劳动委员会由资方、工会和公益方代表共同组成,是处理不正当劳动行为、解决和调停劳资关系的重要机构。由此可见,日本劳资纠纷的处理是由三方协调机制来完成的,各级劳动委员会与同级生产经营部门就重大问题进行定期会晤,根据不同的劳资纠纷,采取斡旋、调停、仲裁等方式处理。

3. 工会组织在劳资纠纷协调中的作用

从日本劳资纠纷协调机制看,工会是三方机制的重要一方面,代表工人的利益基本全程参与,具体呈现以下两个特点:

首先,日本工会能参与劳资纠纷相关法律法规的制订。日本的三方协调机制中,工会、资方和公益方的地位是对等的,在全国一级和地方一级的劳动委员会中,均可对每项劳动法规的制订表达意见。在此过程中,如果劳资双方存在争议,则由公益方进行调解和斡旋,达成协议后提交厚生劳动省,最后由国会决定是否通过成为法律。同时,总理府及各级政府在制定相关政策时也会重视工会的意见,比如工会可以参与社会保障制度审议会、通产省产业结构审议会等。

第二,劳资纠纷更多地是通过企业工会在企业内部解决。与其他国家按行业组织工会不同,日本主要按照企业来组织工会,约占日本工会总数的 93% 以上。每个企业只有 1 个工会,只接纳本企业的员工,只要是本企业的员工,都可以成为工会会员。大量的企业工会联合组成上级产业工会,比如钢铁劳联、汽车总联等,不同的产业工会通过联合体组成全国性的工会组织。劳资关系处理中,不同级别的工会组织有不同的职责。全国性的工会与使用者团体会在每年财政年度开始的春季,就全国劳动者的劳动条件进行谈判,即"春斗"。其中,全国性工会和产业工会主要制定基本方针和标准,企业工会围绕企业利润、劳动条件、工资等因素与经营者进行谈判与协商。产业工会指导所属企业工会以提高工资和劳动条件为主要目标的统一行动,也指导和支援所属企业工会间的特定劳动纠纷,但很少限制企业工会。实际上,更多情况下,劳资纠纷是由各企业工会与企业进行集体谈判协商解决。

## 7.6　中国企业"走出去"与国外工会组织的互动策略

### 7.6.1　中国"走出去"实施国际化经营已成新常态

随着中国加入 WTO,中国企业"走出去"的态势前所未有。1991—2002 年间,中国对外直接投资长期徘徊在 10—40 亿美元,但 2002 年实现了跨越式发展,2011 年达到 746.5 亿美元。党的十八大报告提出要加快"走出去"步伐,不断加快对外投资便利化进程,2014 年 5 月,国家发展和改革委员会放宽对海外投资的限制,10 亿美元以下交易不再需要审批;2014 年 10 月,商务部发布《境外投资管理办法》,98% 的对外投资事项不再需要审批;2014 年 11 月,国务院发布《政府核准的投资项目目录(2014 年本)》,进一步松绑境外投资,中国企业"走出去"的内生动力日益增强。近年来,在"一带一路"战略的带动下,中国各行各业都在全球市场布局,中国企业"走出去"实施国际化经营正进入"新常态"。

根据联合国贸发会议(UNCTAD)《2015 年世界投资报告》的统计数据,截至 2014 年底,全球对外直接投资净额累计达到 25.87 万亿美元,中国对外直接投资净额累计达 8 826.4 亿美元,全球位次由 2002 年的第 25 位提升至第 8 位,位居美国、英国、德国、中国香港、法国、日本、荷兰之后。(商务部、国家统计局、国家外汇管理局,2015)2014 年度,全球外国直接投资出现下滑,全年外国直接投资流出流量额为 1.35 万亿美元。中国对外直接投资则逆势上扬,创下 1 231.2 亿美元的历史高值,是 2002 年的 45.6 倍,2002—2014 年的年均增长速度高达 37.5%,全球位次由 2002 年的第 26 位提升至第 3 位,仅次于美国的 3 369 亿美元和中国香港的 1 427 亿美元。

就对外直接投资目的地而言,对欧盟、美国等地投资创历史新高。2014 年中国流向发达经济体的投资达到 238.3 亿美元,其中对欧盟和美国的投资分别为 97.87 亿美元和 75.96 亿美元,均创历史新高,发达国家已成为众多中国企业对外投资的首先投资目的地。就对外直接投资行业而言,2014 年中国对外直接投资涵盖了国民经济的 18 个行业大类,但第三产业(服务业)投资增速最快,2014 年投资额为 904.2 亿美元,增幅达到 28.7%,占比提升至 73.4%。就对外直接投资形式而言,2014 年中国企业共实施对外投资并购项目 595 起,涉及 69 个国家(地区),实际交易总额 569 亿美元,其中直接投资 324.8 亿美元,占并购交易总额的 57.1%,占年度对外直接投资总额的 26.4%。

未来,在"走出去"战略的持续推动下,中国企业对外直接投资进行国际化经营将成为常态,对外直接投资规模将会进一步扩大;随着中国总体经济实力的稳步提升,未来对发达国家和地区的投资力度将进一步加强。

## 7.6.2 中国企业"走出去"国际化经营面临国际就业环境的压力

在经历 2008 年金融危机后,2011 年欧洲主要国家又进入主权债务危机,持续拖累全球经济增长。近两年,虽然美国经济持续复苏,但是欧洲经济、日本经济以及部分新兴经济体的经济增速依旧低迷,作为全球增速最强劲经济体之一的中国,其经济增速也由之前的高速增长转为新常态的中高度增长。在此背景下,国际就业环境不容乐观,中国企业走出去的国际化经营将会面临较大的压力,主要表现在以下几个方面:

（1）劳动就业稳定性不容乐观，失业率将会持续攀升。

2015 年 1 月，国际劳动组织发布的《2015 年世界就业于社会展望》报告指出，2014 年全球失业人口达到 2.01 亿，比 2008 年国际金融危机爆发前还要多出 3 000 万人，2015 年将会新增失业人数 300 万，并且每年还有 4 000 多万人新进入全球劳动力市场，这将使得未来 5 年的失业人数持续攀升，到 2019 年需要创建 2.8 亿个就业岗位，才能应对全球就业缺口，这意味着在 2019 年失业人数将增加到 2.12 亿。目前，许多国家劳动力市场仍处于混乱状态，未来 10 年里，融入劳动力市场的新增就业将达到 3.957 亿，由此造成的失业人员将达到 1.994 亿。

（2）全球工资增速趋缓，存在较大的工资增长压力。

根据国际劳工组织发布的《2014/2015 全球工资报告：工资和收入不平等》，2013 年全球工资增长较 2012 年有所减缓，且尚未回升至危机前的水平。全球月实际平均工资增长由 2012 年的 2.2％下降到 2013 年的 2.0％（见图 7.1）。

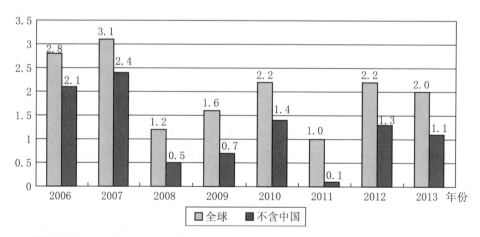

资料来源：www.ilo.org/gwr-figures。

图 7.1　2006—2013 年全球实际工资年均增长率

从劳动生产率增长与工资增长的关系来看，1999 年至 2013 年，发达经济体劳动生产率增长超过实际工资增长，工资与生产率之间这种"脱钩"关系反映在这些国家中，劳动收入份额（劳动报酬占 GDP 的比重）同期下滑。虽然许多新兴与发展中经济体的实际平均工资增长速度往往高于发达经济体，但并不意味着劳动收入份额的增速高于平均工资增速，比如俄罗斯近年来劳动收入份额有所增加，但中国、墨西哥和土耳其呈现下降趋势。这种现象使得劳动者收入与生产力之间的背离日益加大,由于世界上大部分地区生产力增速高于工资增速,反过来会进一步抑制顽固不增的总需求持续短缺,进而影响到未来全球经济的总体复苏。根据预测,由于失业、滞后的劳动收入及对消费、投资和政府财政收入的影响,全球需求损失高达 3.7 万亿美元。在这种背景下,未来全球工资增长的压力将加大,也为未来劳资关系的不稳定埋下隐患。

3. 雇用关系的变化将造成工资收入差距进一步扩大

根据国际劳动组织发布的《2015 年世界就业于社会展望》,目前全球的雇用关系正在持续转型,全球只有 25% 的劳动者拥有稳定的就业,其中有固定薪水(赚取周薪和月薪)的就业约占全球就业岗位的 50%,且地区差异巨大,比如,撒哈拉以南非洲和南亚等地区赚取固定薪水的工人只有 20%。发达经济体中,赚取周薪和月薪的就业发生率一直呈下降趋势。此外,赚取周薪和月薪的人员中,其中只有不到 45% 的人得到全职长期雇用,而且该比例呈现出不断下降的趋势。这意味着,世界各地赚取周薪和月薪的工人每 10 个人中就有将近 6 个人以不是兼职就是临时的形式就业以赚取周薪和月薪。

由于传统形式的就业比其他类型的工作报酬更好,雇用关系的这种转型可能会扩大工资收入的差异。而对于大部分劳动者来说,由于工资收入是其总收入的主要来源,这又会进一步加大收入不平等,也将影响到未来的劳资关系。相关统计数据表明,2013 年只有 16% 的个体经营者拥有养老金计划。就全球平均来讲,最富有的 10% 的人口所得收入占总数的 30%—40%,最贫穷的 10% 的人口收入只占总收入的 2%,(International Labour Organization,2015)金融危机后全球收入不平等现象有所加剧,目前仍有 3.19 亿劳动者生活标准低于每天 1.25 美元的贫困线。这种现象不仅增强了民众对政府的不信任感,阻碍了经济恢复,也会影响到未来劳资关系的发展。

## 7.6.3 中国企业"走出去"需重视工会在劳资纠纷中的协调作用

随着中国企业走出去实施海外并购的数量和金额的快速增长,在全球就业环境持续不佳的背景下,这些企业也将会面临来自国外工会的压力与挑战。由于中国的工会在性质和作用方面与国外工会存在较大的差异,中国企业缺乏与工会就工资待遇、劳动条件以及劳资纠纷协调方面的经验,因此在走出去过程中,需要重视工会在劳资纠纷中的协调作用。

### 1. 中国企业"走出去"需要重视劳资关系的构建

在"走出去"过程中,尤其是在进行跨国并购过程中,中国企业将会面临裁员减薪等诸多问题;在国外的国际化经营过程中,也时常会碰到职员加薪或改善劳动条件的要求。由于部分发达国家工会力量较为强大,再加上中国企业所面临的是陌生的经营环境,对于相关法律法规可能了解不全面,任何关于劳资关系问题的变动都会遇到现实阻力和法律障碍,付出的成本要比国内经营或者企业预算高得多。所以,对跨国企业而言,在国外需要了解当地工会的力量,重视构建和谐的劳资关系,尤其是需要强化对工会的重视。

### 2. 中国企业"走出去"需要重视工会在劳资关系构建中的作用

第一,积极了解国外工会相关立法。在对外直接投资聘用当地职工时,尤其是在并购时,需要对被当地工会发展及相关立法有所了解,包括劳动法以及劳资关系法相关的法律、法规。同时需要了解被并购企业所参与工会或工会组织情况,需要对劳资纠纷的协调方式、劳资关系的谈判策略等进行充分调查。

第二,特定情况下合理规避工会的作用。在不同国家,工会的影响力会有所不同,即使是同一个国家内,不同的地区工会的力量也会有所不同。对于对外直接投资的中国企业来说,可以根据实际需要做出不同的选择。如果不希望工会时常提出增加薪酬、提高福利等要求,则可以适当选择工会力量相对较弱的国家或地区,比如,海尔集团就将制造基地选在美国工会力量比较薄弱的南卡罗来纳州。

第三,通过积极沟通加强与工会的互动。在企业生产经营中,需要加强与工会的联系,主动就企业的经营情况、发展计划等与企业的工会代表沟通,也及时了解工会对企业的需求,通过相互沟通,及时调整与员工的关系,完善员工的待遇,及时尽量满足员工的需求。

第四,企业需要实现做好应急方案。在国外,企业与员工的劳资纠纷较为频繁,在很多情况下,工会或员工的要求并不能得到满足,从而有可能激发劳资双方的矛盾,产生较为严重的后果。在这种情况下如何最大限度地减少损失是企业必须考虑的问题,因此,针对这些可能,对外直接投资企业必须做到未雨绸缪,提前制定应急方案,以应对可能由于劳资纠纷问题引发的游行、罢工等事件。

第五,提升企业的整体谈判能力。目前各国工会的斗争形式都相对较为温和,不会一出现劳资纠纷就采取极端的游行、罢工、闭厂等行为,首先会和资方进行谈判,以协商的方式来解决问题。因此,一方面,企业需要在劳资纠纷产生后积极与工会或员工进行协商;另一方面,在企业经营过程中,需要不断提高谈判能力,尽力寻找劳资双方的利益共同点,防止劳资纠纷的进一步升级。实际上,如果谈判结果在可接受的范围内,工会不会轻易进行游行、罢工。

第六,加强企业内部管理建设,构建和谐的劳资关系。企业可以将工会作为与员工建立良好关系的桥梁,从而提高运作效率。例如,企业可以通过聚餐、娱乐活动等方式拉近与员工的距离,及时了解员工的心理动态,做好员工的心理建设;鼓励员工参与公司的经营与管理,增强其企业责任感与对企业的信任感。

# 第8章
## 国际劳工标准与中国企业"走出去"

## 8.1 国际劳工标准的主要内容及其演变

国际劳工组织是建立和制定国际劳工标准的主要机构。国际劳工标准是由国际劳动组织代表大会起草的、涵盖劳动关系基本原则与权力的法律文件。这些法律文件主要以两种形式存在,第一种是公约(conventions),这是指由缔约国批准的、具有法律约束力的国际条约;第二种是建议书(recommendations),这是一种不具有法律约束力的指导性文件。国际劳工标准由国际劳工组织制定,该标准一般划分为核心标准和非核心标准。国际劳工标准的核心标准主要包括:结社自由和集体谈判的确认权原则、消除一切形式强制或者强迫劳动原则、切实消除童工现象原则以及消除就业和职业歧视原则。国际劳工标准的非核心标准主要包括就业促进,产业关系,社会保障,工作条件,特殊群体、工种和部门的保护,劳动行政管理等方面。

### 8.1.1 制定者:国际劳工组织

国际劳工组织成立于1919年,总部设在瑞士的日内瓦。在联合国成立以后,国际劳工组织成为联合国专门负责劳工事务的专门机构。三方(政府、雇主和工人)原则是国际劳工组织的一项基本原则,因此所有成员国都必须遵守。

国际劳工组织的主要机构是国际劳工大会、理事会和国际劳工局。除此之外，国际劳工组织下设的地区会议和产业委员会也是重要的辅助机构。国际劳工大会的主要职责是修改国际劳工组织章程、制定和修改国际劳工公约和建议书、批准国际劳工组织的工作计划和预算以及关于计划和预算执行情况的工作报告、讨论对全世界有重大意义的劳工问题等。

理事会是国际劳工组织的执行机构，负责在国际劳工大会闭会期间决定该组织的各种重要事项，指导国际劳工局的各项工作。理事会的主要职责是为国际劳工大会和其他会议确定议程，为制定公约和建议书进行必要的技术准备；指导国际劳工局的各项工作，对国际劳工组织总的事务进行监督；决定设立国际劳工组织的其他机构和任命国际劳工局局长等。一般情况下，理事会每年举行 3 次理会，分别在每年的 3 月份、6 月份和 11 月份。

国际劳工局是国际劳工组织的常设工作机构，是国际劳动大会、理事会和其他会议的秘书处，接受理事会的管理。国际劳工局设有多个部门，包括劳工标准、就业与培训、企业发展、产业关系、社会保障、工作条件和环境、技术合作、部门活动、联络与会务、新闻出版等多个局。国际劳工局不仅仅是一个行政机构，而且也是一个资料中心、研究中心和活动中心。国际劳工局还出版发行多种出版物，具有较强的影响力。

国际劳工组织关注的问题非常广泛，除了传统上就非常重视的就业歧视问题、童工问题、强迫劳动问题和结社自由问题以外，目前还非常关注就业问题、工作安全和社会保障等问题。

## 8.1.2　核心标准

国际劳工标准的核心标准主要包括：结社自由和集体谈判的确认权原则、消除一切形式强制或者强迫劳动原则、切实消除童工现象原则以及消除就业和职业歧视原则等四项基本原则和权利。国际劳工组织认定的八个核心劳工公约包含了上述四个基本原则。这八个劳工公约包括：《强迫劳动公约》（第 29 号公约）、《结社自由和保护组织权利公约》（第 87 号公约）、《组织权利和集体谈判权利公约》（第 98 号公约）、《同酬公约》（第 100 号公约）、《废除强迫劳动公约》（第 105 号公约）、《就业和职业歧视公约》(第 111 号公约)、《最低年龄公约》(第 138 号公约)和《最恶劣形式的童工劳动公约》(第 182 号公约)。

### 1. 结社自由和集团谈判权的确认

结社自由有利于工人和雇主更好地沟通交流,有助于建立和谐的劳动关系。国际劳工组织的多项重要文件中都把结社自由列为国际劳工组织的核心价值,这些文件包括 1919 年通过的《国际劳工组织宪章》,1948 年的《世界人权宣言》。此外,国际劳工组织的一系列核心公约也都明确了结社自由是其核心价值观,这包括 1948 年的《结社自由和保护组织权利公约》(第 87 号公约)以及 1949 年的《组织权利和集体谈判权利公约》(第 98 号公约)。这些公约明确宣示了自由结社是劳工最重要的权利之一,也是国际劳工组织的核心价值。国际劳工组织认为,工人和雇主都有权自由地组建和参加自己的组织,这一权利不需要任何权威和机构的授予和认可。工会和雇主组织应该遵循自由组织的原则,不得由任何行政机构随意解散或者干涉其活动,工会和雇主组织有权组织或者加入组织联盟和共同体。

在自由结社的基础之上,建立集体谈判机制有利于保障劳工能够在劳资谈判中发出平等的声音,有利于产生公平合理的谈判结果,确保劳资双方能够有机会建立公平的劳动关系,有利于减少劳资冲突,减少劳资摩擦。国际劳工组织 1949 年的《组织权利和集体谈判权利公约》(第 98 号公约)和《促进集体谈判公约》(第 154 号公约)都对劳资集体谈判权利做出了相关规定。

### 2. 废除强制或者强迫劳工原则

尽管各国政府和国际组织很早都在致力于消除强迫劳动,但是在全球范围内强迫劳动仍然屡禁不止,消除强迫劳动的任务依然十分艰巨!强迫劳动是对基本人权的严重侵犯,同时,强迫劳动也导致了贫穷落后,严重侵犯了个人追求自由幸福的权利!国际劳工组织 1930 年的《强迫劳动公约》(第 29 号公约)和 1957 年的《废除强迫劳动公约》(第 105 号公约)都对禁止各种形式的强迫劳动做出了明确规定。国际劳工组织第 29 号公约规定,禁止各种形式的被迫劳动或者强制工作,即"以惩罚相威胁,强使任何人从事其本人不曾表示自愿从事的所有工作和任务"。第 105 号公约禁止以下情况中的被迫或者强制他人劳动,包括以政治或者教育为名,作为对持不同政见者的惩罚;为经济发展而动员以及利用劳动力;作为对罢工者的惩罚;作为维护工作纪律的手段;出于种族、社会、国家和宗教原因而产生的歧视等。

### 3. 禁止使用童工

使用童工会对儿童的健康成长造成极大的伤害,不仅会导致身体上的伤害,还会导致终身的精神上和心理上的伤害,是对基本人权的极大侵犯。国际劳工组织的 1973 年《最低年龄公约》(第 138 号公约)、1999 年的《最恶劣形式的童工劳动公约》(第 182 号公约)都明确了禁止使用童工。

第 138 号公约对雇佣或者参加工作的初始年龄规定了最低限制。普通工作为 15 岁,轻松工作为 13 岁,危险工作为 18 岁,但是一些严格条件下,危险工作的初始年龄可以为 16 岁。对于那些教育制度不发达的国家,该公约规定了一种相对而言较为宽松的初始年龄限制,一般而言,14 岁就可以从事普通工作,12 岁就可以从事轻松工作。

第 182 号公约把"儿童"的概念规定为 18 岁以下的人。该核心公约要求批准国尽最大努力消除最恶劣形式的童工劳动,包括奴隶制或者类似奴隶制的情况、债务奴工、农奴、被强迫或者强制劳动、强迫儿童卖淫或者从事色情行业、利用儿童从事违法活动,以及其他一切有可能危害儿童健康安全和道德观念的工作。

### 4. 消除就业和职业歧视

国际劳工标准努力消除具有歧视内容的劳动关系和整个社会各个领域的歧视行为。消除就业和职业歧视的公约包括 1951 年的《同酬公约》(第 100 号公约)、1958 年的《(就业和职业)歧视公约》(第 111 号公约)。

第 100 号公约要求批准国确保"男女之间同等工作薪酬平等原则"在国内得到实施。对于薪酬的定义,该公约采取了宽泛的原则,即由于劳动关系、雇主向工人的给付,包括最低工资或者薪酬,还包括直接的和非直接的附加津贴,无论以现金形式支付还是以实物形式的支付。

第 111 号公约将"歧视"定义为"基于种族、肤色、性别、宗教、政治见解、民族血统或者社会出身等原因,具有取消或者损害就业或者职业机会均等或者待遇平等作用的任何区别、排斥或者优惠"。该核心公约要求批准国根据本国的实际情况,实施适合本国国情的方案,实施旨在促进就业或者职业机会均等或者待遇平等的政策,以消除劳动就业领域内的任何歧视。本公约所指的就业或者职业还包括职业培训、获得就业和特定职业,以及就业条款和条件。

### 8.1.3 非核心标准

国际劳工标准的非核心标准主要包括就业促进,产业关系,社会保障,工作条件、特殊群体、工种和部门的保护,劳动行政管理等方面。

1. 就业促进

就业是获得收入、脱离贫困、融入社会生活的重要条件,对个人发展和社会稳定都具有积极的意义。因此,国际劳工组织非常重视就业问题。国际劳工组织规范就业的劳工标准主要包括就业政策、失业保护、就业服务、职业介绍和职业培训与指导等内容。

国际劳工组织 1964 年的《就业政策公约》(第 122 号公约)和《就业政策建议书》(第 122 号建议书)是国际劳工组织就业领域的重要标志。该公约规定,缔约国将就业作为一项重要目标,宣布并实施一项积极的政策,其目的在于促进充分的、自由选择的生产性就业。促进就业和减少失业是一个问题的两个方面,因此失业保护也是就业政策的重要内容。国际劳工组织 1988 年的《促进就业和失业保护公约》(第 168 号公约)和建议书(第 176 号建议书)给出了最新的失业保护标准。由于该公约规定的一些标准较高,诸如津贴水平较高等原因,只有少数国家批准了该公约,很多标准不仅广大发展中国家难以达到,即使一些发达国家也难以完成。

2. 产业关系

劳工权益的保护和企业的发展都离不开良好、和谐、高效的产业关系。为了建立良好的产业关系,非常有必要加强工人和企业管理之间的对话沟通交流。在制定和颁布关于劳动关系的政策和标准时,国际劳工组织非常重视并且一直坚持三方原则,即雇员、雇主和政府三方之间的对话与交流。国际劳工组织在 1976 年通过了《三方协商促进国际劳工标准实施公约》(第 144 号公约),并且将其作为优先批注和执行的公约之一。良好的产业关系对于提高企业效益、保护劳工权益、促进裁员协商机制都非常有帮助。

3. 社会保障

虽然社会保障问题归属于非核心标准,但是国际劳工组织非常重视社会保障问题。据统计,国际劳工标准中涉及社会保障问题的公约已经高达 31 项,约占全部公约的18%。除此之外,有关社会保障问题的建议书也有23项。根据保障内容和范围的不同,国际劳工标准中涉及社会保障问题的发展历程大约经历了两个阶段。第一个阶段为第二次世界大战之前,该时期的标准以社会保险的内容为主,主要是涉及不同群体的社会保险问题。第二个阶段是从1944年的《收入保障建议书》(第76号建议书)到1952年的《社会保障(最低标准)公约》(第102号公约),这标志着综合性社会保障标准的建立。第102号公约设置了最低等级的社会保障福利与参保人的待遇,包括医疗保健、疾病、失业、老年、工伤、家庭、生育、残疾以及遗属的福利九大领域的内容。

### 4. 工作条件

国际劳工标准的一个重要组成部分是有关工作条件方面的标准。工作条件包括的内容非常广泛,既包括普遍适用的工作条件,诸如工资、工时等内容,也包括专业性很强的保护内容,诸如针对不同行业工人的职业安全和卫生条件方面的内容。

国际劳工组织1970年通过的《确定最低工资公约》(第131号公约)规定,成员国有义务建立最低工资制度,并且应该包括一切类别的工资劳动者。对工人获得工资的一般性保护的公约是1949年的《保护工资公约》(第95号公约),该公约对工资支付的形式、部分支付实物工资应该遵循的条件等内容进行了一些实质性的规定。

1962年的《缩短工时建议书》(第116号建议书)、1990年《夜间工作公约》(第171号公约)和1970年《带薪休假公约》(第132公约)等公约和建议书对工作时间、工时、夜班和休息休假做了相关规定。

1981年的《职业安全卫生公约》(第155号公约)和1985年《职业卫生设施公约》(第161号公约)针对职业安全和卫生条件做了基本的规定。上述公约要求成员国在合理可行的范围内把工作环境中内在的危险因素降低到最低限度,以便能够预防源于工作中发生的事故和对健康的危害。

### 5. 特殊群体、工种和部门的保护

由于自然的或者社会的原因,在劳动领域必然存在一些特殊的劳动群体,他们在工作中处于不利的地位。为此,国际劳工组织也制定了专门的标准或者在有关标准中制定了专门的条款。特殊劳动群体包括妇女、未成年人、移民工人、土著和部落居民、非全日制工人、家庭工人,这些特殊劳动群体需要特别的保护。与此同

时,公约还对特殊工种和特殊部门的劳动者提供保护,诸如对海员的就业许可、就业条件、就业保障、社会保障,以及安全、卫生、福利等方面制定了相关标准。另外,针对渔民、农业工人、码头工人和护理人员的健康、安全以及福利等方面给予了特殊关照,制定了相关的公约和建议书。

6. 劳动行政管理

劳动监察体系有利于确保劳动法和相关标准的实施执行。劳动监察机构检查国家劳动标准在劳动关系中的执行情况,并且针对存在的问题向工人和雇主提供建议。除此之外,针对劳动法中存在的问题和不足,劳动监察机构也可以要求国家权力机关关注这些问题,以确保劳动法能够平等地保护工人和雇主。国际劳工组织非常重视劳动监察的重要性。为此,国际劳工组织在 1947 年通过了《劳动监察公约》(第 81 号公约),1969 年通过了《(农业)劳动监察公约》(第 129 号公约),并且认定这两项公约是需要优先批准和执行的公约。目前,大约有 130 个国家批准了第 81 号公约,40 多个国家批准了 129 号公约。

## 8.1.4　WTO 社会条款

国际劳工组织在制定和推广国际劳工标准过程中发挥着关键作用。除了国际劳工组织以外,其他国际组织在劳工标准方面也做了很多工作,成为国际经济贸易交往过程中重要的行为准则。其中,WTO 社会条款和国际劳工标准之间的关系较为紧密。在 20 世纪 90 年代中期以后,相关国际组织和发达国家共同提出了WTO 社会条款(WTO Social Clause),被称为社会权利的相关条款。该条款的具体内容包括劳工权利问题、环境保护问题和人权问题等内容。其中,劳工权利问题的本质就是劳工标准问题。相对而言,由于发展中国家劳工标准较低,劳动力成本较低,在劳动力密集产品中具有较大的贸易优势,导致发达国家劳动力密集企业和行业出现竞争力下降问题,失业率上升,引起发达国家的普遍关注。为此,发达国家开始强调发展中国家的劳工标准,希望将国际贸易和劳动标准、环境保护、人权等问题相挂钩,在多边贸易和投资协议中加入劳工标准问题,并且对违法社会条款的行为实施贸易制裁。

总体而言,WTO 社会条款具有两面性。一方面,劳动标准、环境保护、人权问题成为国际贸易和投资谈判的重要筹码;另一方面,随着国际经济交流的深入扩展,国际贸易和投资的不断深化,发达国家的劳工标准也在不断向发展中国家扩散,在某种程度上有利于提高发展中国家的劳工标准,更好地保护劳工权利。

### 8.1.5　生产守则及其劳工标准认证

随着资本主义的不断发展和扩展,企业之间的竞争程度愈发激烈,导致劳资纠纷不断加剧、贫富差距也不断拉大,在这种背景下,20 世纪 80 年代很多国家开始提倡企业社会责任。所谓企业社会责任(corporate social responsibility,简称 CSR),是指企业在创造利润、对股东承担法律责任的同时,还要承担对员工、消费者、社区和环境的责任,企业的社会责任要求企业必须超越把利润作为唯一目标的传统理念,强调要在生产过程中关注人的价值,强调对环境、消费者、对社会的贡献。而企业生产守则运动则是贸易全球化背景下企业社会责任运动最主要的一种操作形式。这一运动是由劳工组织、消费者团体、人权组织和环保组织等非政府组织所发动的,并与劳工运动、人权运动、消费者运动、环保运动互相配合和呼应。生产守则运动的承载主体主要是跨国公司,因此也被称为公司生产守则运动。

最初,企业遵守生产守则是跨国公司的内部约束机制,但是随着该运动的不断发展和深化,在国际劳工组织、世界人权组织等非营利组织的呼吁下,这种具有自我约束特点的内部生产守则逐步演变成了具有社会约束特征的外部生产守则。因此,在多重力量和多个有影响力的国际组织的推动下,独立于单个企业的"外部生产守则"开始出现。一些国际组织、行业协会组织、非政府组织等机构开始制定标准化的生产守则,对企业提出了不同的要求。例如,美国的"公平劳工协会"(FLA)、"国际社会责任组织"(SAI)、荷兰的"洁净衣服运动"(CCC)、英国的"道德贸易行动"(ETI)等组织具有较强的影响力。

### 8.1.6　SA8000

美国的非政府组织国际社会责任组织(SAI)在 1997 年 10 月发布了社会责任标准化——SA8000(social accountability 8000 international standard)。这是全球

首个道德规范国际标准。其宗旨是确保供应商所供应的产品皆符合社会责任标准的要求。SA8000 标准适用于世界各地、任何行业、不同规模的公司。其依据与 ISO9000 质量管理体系及 ISO14000 环境管理体系一样,皆为一套可被第三方认证机构审核的国际标准。

SA8000 是根据国际劳工组织公约及其基本劳动公约,以及《世界人权宣言》《公民权利和政治权利国际公约》《经济、社会和文化权利国际公约》和《儿童权利公约》等文件而制定的,其主要目的是为所有国家所有行业的所有公司订立一种通用标准,从而确保制造商的生产模式符合统一标准,并且最终保障工人得到合理待遇和理想的工作环境。SA8000 的主要内容包括以下九个方面:童工、强迫劳动、安全卫生、结社自由和集体谈判权、歧视、惩罚性措施、工作时间、工资报酬及管理体系。

自从 SA8000 标准公开发布以来,该标准已经在全球工商界中得到广泛传播,获得了较高的认可度。SA8000 标准为消费者和投资者提供一个可以简单识别的标志,来鉴别哪些公司关注劳工问题;也为公司提供一种向客户和公众展示其良好社会责任表现和承诺的"标签"和"信号",以区别于其他公司,表明该公司对劳工问题和社会责任的重视。除此之外,SA8000 标准具有公开和透明的政策,有效的投诉和申诉机制,这些优点使得 SA8000 标准的实施过程可以受到公众监督,因而具有更高的公信力。因此,很多发达国家积极制定战略,推广该标准。除此之外,很多发展中国家也在其出口加工行业推广该标准,以提高本国企业的出口竞争力。

## 8.2　国际劳工标准中的社会保障权利

国际劳工组织在第 26 届国际劳工大会发表的《费城宣言》中正式采纳了"社会保障"这一概念。随着国际劳工运动和社会经济发展水平的不断提高,国际劳工组织对社会保障概念的内涵和外延的界定也不断发展。1989 年,国际劳工局在编著的《社会保障导论》中对社会保障做了一个明确的定义:社会保障是指社会通过采取一系列的公共措施来向其成员提供保护,以便与由于疾病、生育、工伤、失业、伤残、年老和死亡等原因造成停薪或者大幅度减少工资而引起的经济和社会贫困进行斗争,并提供医疗和对有子女的家庭实行补贴。

国际劳工组织在社会保障领域的一系列努力为把社会保障作为一项人权写入《世界人权宣言》和《经济、社会和文化权利国际公约》做出了重要贡献。1948 年《世界人权宣言》第 22 条规定:"每个人作为社会的一员,有权享受社会保障,并有权享受他的个人尊严和人格的自由发展所必需的经济社会和文化方面的各种权利的实现,这种实现是通过国家努力和国际合作并依照各国的组织和资源情况。"1966 年通过的《经济、社会和文化权利国际公约》(ICESCR)第 9 条明确强调:"本公约缔约各国承认人人有权享受社会保障,包括社会保险。"由此可见,社会保障权利在国际劳动标准以及基本人权中具有重要的地位。

## 8.2.1　社会保障权利的主要内容

国际劳工组织历来重视社会保障,给予了很大的关注度。目前,国际劳工组织已经通过了和社会保障密切相关的 31 项公约和 23 项建议书,这相当于国际劳工组织全部公约和建议书总数的七分之一。根据公约内容的不同,国际劳工组织关于社会保障的公约分为综合性公约和专项公约。

1. 社会保障方面的综合性公约

在社会保障领域,综合性的公约共有 3 个,分别是:1952 年的《社会保障(最低标准)公约》(第 102 号公约)、1962 年的《(社会保障)同等待遇公约》(第 118 号公约)、1982 年的《维护社会保障权利公约》(157 号公约)。这些综合性公约是国际劳工组织有关社会保障方面的基础性文件。

在上述 3 个综合性公约中,第 102 号公约是一个最基本的文件,该公约规定社会保障应该包括 9 个项目,分别是:医疗照顾、疾病津贴、失业津贴、老龄津贴、工伤津贴、家庭津贴、生育津贴、残废津贴和遗属津贴。在这 9 个项目中,公约批准国至少要实行其中的 3 个项目,并要求批准国逐步扩大实施的项目。第 102 号公约所规定的项目内容具有一定的强制性,同时也具有灵活性和变通性的特点,因此获得了世界各国的普遍承认和赞同。

1962 年的《(社会保障)同等待遇公约》(第 118 号公约)主要对反歧视和平等对待做了规定,这些规定主要针对本国国民和非本国国民的待遇公平性问题。该公约规定,凡是批准该公约的国家均承担义务,对在其领土上的已经批准该公约的任何其他会员国的国民给予与本国国民依法应有的各种社会保障的同等待遇。

1982 年的《维护社会保障权利公约》(157 号公约)的主要功能是扩大了维护社会保障权利的范围,第 102 号公约仅仅把把残疾、老年以及遗属保险列为强制性保障,而 157 号公约把 9 项社会保障权利全部列为强制性的保障。

2. 社会保障方面的专项公约

国际劳工组织有关社会保障的专项公约对具体的保障内容作出了规定。这些专项公约涉及的社会保障具体内容主要包括以下几个方面:生育保险,工伤保险,医疗保险,养老、残疾及遗属保险,失业保险。针对每一项险种,国际劳工组织都颁布了具体的公约。

在生育保险方面,国际劳工组织的主要文件有 1919 年的《保护生育公约》(第 3 号公约)、1952 年的《保护生育公约(修订)》(第 103 号公约),2000 年最新修订通过的《保护生育公约》(第 183 公约)。这些文件对产假,生育津贴和医疗津贴,哺乳权利,就业保护和健康保护等方面做了详细规定。

在工伤保险方面,国际劳工组织的主要文件有 1921 年的《(农业)工人赔偿公约》(第 12 号公约)、1925 年的《工人(职业病)赔偿公约》,此后又通过了一系列公约。这些公约对工伤保险的覆盖范围和待遇水平做了相应的规定。

在医疗保险方面,国际劳工组织的主要文件有 1927 年的《(工业部门)疾病保险公约》(第 24 号公约)、《(农业部门)疾病保险公约》(第 25 号公约),1963 年通过的《医疗和疾病津贴公约》(第 130 号公约)对上述两个公约做了修订,使得医疗保险的覆盖范围扩大到了所有经济活动人口。这些文件对医疗保险的覆盖范围、补助水平、补助内容等问题做了较为详细的规定。

在养老、伤残和遗属保险方面,国际劳工组织的主要文件有 1933 年通过的《(工业等)老年保险公约》(第 35 号公约),《(农业)老年保险公约》(第 36 号公约),《(工业等)伤残保险公约》(第 37 号公约),《(农业)伤残保险公约》(第 38 号公约),《(工业等)遗属保险公约》(第 39 号公约),《(农业)遗属保险公约》(第 40 号公约)。上述公约在 1967 年被修订整理合并为一个公约:《残疾、老年和遗属津贴公约》(第 128 号)。这些文件对养老保险、伤残保险和遗属保险的内容作了详细规定。

在失业保险方面,国际劳工组织的主要文件有 1934 年通过的《失业补贴公约》

(第44号),1988年通过的《促进就业与失业保护公约》(第168号公约)。这些公约对失业保险的覆盖范围,资金来源,失业津贴的标准,等待期和津贴支付期限、取消或者削减失业津贴条件内容作了较为完备的规定。

## 8.2.2 社会保障权利的发展演变

国际劳工标准中的社会保障权利也经过了一系列的发展演变过程,这个过程大概可以划分为两个阶段:第一个阶段强调社会保险的作用,第二个阶段重视社会保障的作用。相比社会保险,社会保障的范围更加宽泛了,涉及的内容更多了。

1. 社会保险时期:一战结束后的国际劳工组织标准

最初的关于社会保障的一系列的公约和建议分别建立于不同的时期。在早期,国际劳工大会所采用的是1919年的保护生育公约,主要内容是在母亲的分娩期由医生或经过认证的助产士提供免费的照料,并在其缺勤时期支付薪资。随后是1921年的工人(农业)补偿公约,邀请成员国将对工人的赔偿约定扩展到农业工薪阶层。最初的两条概括性地处理工人职业性意外事故及疾病的公约于1925年被采用。该规定涉及工业及商业领域中的疾病保险,同时,在不久之后的1927年公约中涉及了农业领域。关于工业、商业及农业领域的工薪族的养老津贴、伤残津贴及遗属津贴的保险问题是1933年所采用的六部公约中的主要内容。最终,针对失业人群的公约于1944年颁布。其他关于海员及维护农民获取退休金权利的公约相继于1935、1936及1946年颁布。由此,关于社会保障的各个方面的管理逐渐步入正轨,有关社会保障权利的各项制度基本建立起来。

在所有这些公约被接受以后,关于"施行强制性社会保险并将其在尽可能多的工薪阶层中扩展"的理念已流行于人群中,尽管这一观念被大众普遍接受经历了很长时间。1919年国际劳工组织建立之后紧接着的几年内,欧洲国家只存在极少数完整的社会保险制度,大部分欧洲国家和其他发展中国家甚至是一片空白。当然,关于这个理念也有人持不同的态度,尤其是雇主们和互助友谊社的代表们。因此,当1925年讨论关于工人的工伤赔偿公约时,雇主组织起草委员会并没有打算支持一份与社会保险有关的清晰明确的方案,而是打算接受一个更加灵活的方案。

尽管在最初遭到反对,涵盖主要风险的强制性社会保险制度逐渐获取了支持。

和社会救助计划相比,保险计划具有几个方面的优势:第一,社会保险计划考虑到了工人所关心的问题,从人们的需求出发,从物质方面和道德层面对工人们的身体条件和工作能力予以保护。第二,社会保险意味着专门将工作重心放在防范组织和医疗服务及福利金上的自治保险机构的建立上。第三,社会保险计划允许在一定的权限内获取利益,由此维护了受益人的自尊,这些受益人在身体受到任何伤害时可以获得赔偿金。第四,社会保险计划通过提供数额明确的资金,保证了津贴的给付,并且根据精算学原理来计算长期的成本分担问题。

2. 社会保障时期:第二次世界大战以及战后的国际劳工组织标准

在 20 世纪 40 年代,有关社会保险的相关思想和观念发生了转变。尤其是战争时期由英国的学者贝弗里奇所撰写的报告《社会保险及相关服务》(1942 年 12 月出版),彻底改变了人们对社会保障的认识。这份报告的成功主要是由于贝弗里奇提出了一个成熟且可行的学说,该学说有助于实现这一伟大目标——免于恐惧和贫困的自由,这也是丘吉尔和罗斯福这两位领导人在 1941 年大西洋宪章中所宣扬的梦想。1944 年,在具有历史意义的第 26 届费城会议中,与会者积极参与了贝弗里奇报告的讨论和策划。国际劳工组织采用了两个基本的建议,分别与收入保障和医疗护理有关,这标志着国际劳工组织标准在这社会保障问题上进入了第二个发展阶段。

1944 年的关于收入保障的建议包含了用于缓解贫困和通过重建社会保障计划来防止贫困的收入保障计划的指导原则,包括因为失去工作能力(包括因年纪增长)而损失的收入,为了寻找报酬合理的工作而损失的收入,以及因为一个家庭中负责赚钱养家的人死亡而损失的收入。该建议仍将社会保险置于确保收入保障过程中的主导地位,同时该建议将社会救助置于附属地位,用于满足全部的需求而不是被强制保险所覆盖。该建议与贝弗里奇报告所提到的原则基本一致,特别是在社会团结和普遍性原则方面。此外,国际劳工组织也强调,社会保险计划应该将覆盖范围扩展到全体员工及其家属,包括个体经营者。

本着相同的精神,1944 年的医疗保障建议提倡建立提供完整的治疗及护理服务的医疗保障服务,该服务体系持续不断地为有需求的人提供服务。该医疗保障服务既有社会保险的特征,又通过补充性条款从社会救助方面满足有需求的人们的要求,包括未被社会保险覆盖的人群或由公共医疗服务覆盖的人群。为了确保在不浪费资源的情况下尽可能多地提供服务,最理想的方式就是将所有的卫生服务集中到一个服务中来。

这两则建议为1952年社会保障(最低标准)公约的采用打下了坚实的基础。该公约的采用标志着国际社会保障立法通过介绍社会保障基本的目标——使世界的各个角落,不论经济发展水平如何,都获得社会保障。该公约与战前公约的不同之处在于其在详尽程度、方法的灵活性及目标的明确性上具有很明显的优势。

这个公约是综合性的,内容十分详细。该公约将所有曾经在不同文案中被记载的关于社会保障的细枝末节的内容整合到一个单独的文件中,并添加了当时还未被任何公约提及的家庭津贴。该公约区分并定义了9项社会保障分支,这些分支涵盖了所有标准内的意外事故,这些事故发生时,工人不需要为自己或家属支付费用,也不用支付额外费用。具体内容包括:医疗护理需求,因疾病失去工作能力,失业,老年,工伤,子女抚养,生育,家庭收入者的病残及死亡。

在保护的范围方面,该公约不再纯粹地将需要被保护的人按法定条件来分类,即按照合同类型和从事经济活动的部门来区分。取而代之的是,该公约简明地要求一定比例的人口被保护。对大多数偶然性事件,被保护的人数要占到雇员的50%,或者所有居民的20%。批准国通过不断扩展不同职业和地区的覆盖范围,自主规定其体系所承保的人员范围。如果一项意外事故由国际援助方案所覆盖,与之有关的救济金应当属于全体居民,而不用考虑是否有足够的资金。

该公约还展示出了高度的灵活性。首先,每个批准国并不需要接受所有的部分,而是可以将其批准限制在社会保障9个分支中的3个,但必须至少包含下列分支中的一个:失业,工伤,养老、伤残或遗属津贴。另外,该公约对经济及医疗设备不够发达的国家提供暂时性免除。最后,第三个或许也是最重要的一个说明其具有灵活性的原因是该公约不再像战前那样,对行政和金融机构制定刚性规定,而是允许保护的概念多样化。

社会保障专家组在准备公约的草稿时面临的错综复杂的问题之一就是如何决定待遇水平的最小比例。这个任务需要极高的精确度,因为能否用最少的社会保障标准获取足够的保护被认为是在公约中评判一个体制是否成功的主要衡量标准。另一方面,专家们并不只是需要考虑不同国家发展程度的多样性,还要考虑各个国家计算待遇水平的方式的多样性。被采取的解决措施是允许在三种计算现金收益的方式中选择一种:或者按以前收入的一定比例计算;或者对所有受益者实行固定给付率,包括技术不熟练的工人;或者实施经济情况调查,给所有保障范围内的居民提供救济金,但是对于那些贫穷的人,他们所获得的救济金不得少于第二种方法中的固定比例计算的金额。根据公约,救济金的数额需要固定在所参照的工资标准的 40%—50%。

事实上,大多数的国家立法并不仅仅选择这三种方式中的一个:收入相关福利也与最低给付金额相结合,而且,作为一个规则,采用固定给付率的通用方案是以提供收入相关福利金和补充福利的方案。为了保持津贴的真实价值,待遇水平的定期调整就显得至关重要。第 102 条公约还对待遇水平的调整做了解释和说明。

1952 年的社会保障公约(最低标准)由一系列具有较高标准的公约作为补充,与此同时,其修订了所有关于社会保险的战前公约。这种较高的准则包含于 1952 年的生育保护公约,1964 年的工伤福利金公约,1967 年的失能、老龄和遗属津贴公约,1969 年的医疗护理和疾病保险公约,以及 1988 年的失业保险等,涵盖范围更广泛,医疗护理及相关服务水平提高,短期福利的持续时间增长,现金福利金的支付额增多,优惠条件增多,水平提升。

3. 社会保障公约中的保障措施

毫无疑问,国际劳工组织公约在世界范围内对社会保障的发展过程产生了很大的影响,事实上它们通常被认为是社会保障的多种理念中被国际上普遍接受的定义。社会保障体制中由第 102 条公约包含的九个分支几乎出现在所有的工业化国家中。出于自主性,绝大多数的发展中国家也在发展社会保障的途中,尽管这些国家建立的大多数制度在模式上更有局限性,且通常不包括失业和家庭福利金。

不同的国家在选择提供社会保障的方式上也存在很大差异。其从法定的普遍涵盖所有人口的模式转变到针对工人的复杂的保险模式,从建立在企业层面上的职业化模式转变为雇主责任模式,从国家福利基金转变为自愿医疗保险模式和储蓄账户。

所有这些不同的方式都能与国际劳工标准兼容吗? 如上所述,二战后被采用的公约被刻意设计为允许通过多种方式实现其目标。对于参与保障的人群,津贴水平的实用性比一个制度所采用的名称更重要。因此,这些公约不再坚持提出一些僵硬的和苛刻的要求,例如,必须由"非营利性的公共机构"和"公共机关提供的财务支持"提供"强制的社会保险"。由此可见,国际劳工组织在社会保障标准和实施方面采取了更加灵活的态度。

该公约同时采取非强制性计划来满足特殊人群的特定需求。首先,社会保障计划必须是一个提供医疗护理、疾病补助费、失业补助或养老、失能或幸存者津贴的保险计划。仅由雇主支付,而不是由保险或再保险机构支付的津贴不符合此项要求。

其次,这些计划必须是"由公共机关监管或执行,按照规定的标准,由雇主和雇员联合经营"来确保对受益人的管理。最后,这些计划必须"涵盖工资没有超过一个熟练男性手工业工作者的人群的大部分"。当然,所有这些要求仅适用于基本的社会保险,比如,有保障的最低标准。补充计划提供的津贴数额超过了基本计划,被公约认为这些补充性质的社会保障计划具有其自身的优点,公约不对它们做任何方面的监管和要求。而且,国际劳工组织也非常欢迎在基本标准之上,一些国家或者雇主自愿提供一些补充性的社会保障内容和服务。

## 8.3　中国企业"走出去"过程中劳工标准问题

以劳工标准为主要内容的劳工政策涉及多方面问题。除了劳工标准问题以外,还包括劳工权利问题,劳工争议处理问题和劳工文化冲突问题。(梁贵超,2012)在中国企业"走出去"的过程中,在注重国际劳工标准的基础上,应该妥善处理劳工相关问题,建立和谐的劳资关系,促进中国企业更好地"走出去"。

### 8.3.1　当地国劳工标准及其相关劳工政策

#### 1. 当地国劳工标准

一般而言,当地国劳工标准与国际劳工标准存在一定差异。中国企业在"走出去"的过程中,首先要掌握国际劳工标准的一般情况,在此基础上,根据当地国批准的国际劳工公约的情况,掌握当地国劳动标准的实际情况。对于当地国已经批准的国际劳工公约,应该按照国际劳工标准严格执行。对于当地国尚未批准的国际劳工公约,应该谨慎对待。在一些国家,虽然没有批准相关国际劳动公约,但是可能的情况是国内已经有相关立法,或者即使没有,大部分企业在实际经营过程中已经达到国际劳工标准的要求了,这时中国企业也应该达到相关标准,不能随意降低要求。

但一般而言,当地国劳工标准主要涉及以下几个方面的内容,中国企业在走出去过程中,应该关注通常情况下的劳工标准,避免劳工风险的出现。劳动标准和劳动权利方面,主要涉及选择职业和平等就业的权利问题,特别是性别、年龄、宗教信仰等方面避免出现歧视现象;获得劳动报酬的权利,应该遵守当地的最低工资标准;获得休息休假的权利,注重当地国的特殊节假日;获得劳动安全卫生保护的权利、接受职业技能培训的权利,这方面应该加强对员工的培训,安全问题容易引起群体事件的发生,特别是在那些政治环境动荡不安、社会治安比较差的国家;民主管理权、结社罢工和集体谈判权,这方面应该加强和当地国工会组织的沟通,避免把国内工会管理方面的思维模式带到国外去,导致摩擦增加;享受社会保障权、提请劳动争议处理的权利以及法律规定的其他劳动权利等。

2. 当地国劳动法规

随着经济全球化的加速,国际贸易和投资无论是在深度上还是广度上都有了极大发展,因此各国法律制度也存在趋同的趋势。但是,我们也应该看到,由于历史文化、思想观念、宗教信仰、经济发展水平、社会经济制度、法制传统和劳动政策的差异,各国劳动法仍然具有很强的国内法的色彩,本土化特征明显。因此,在中国企业"走出去"的过程中,应该重视当地国劳动法的相关规定。

劳动问题属于综合性问题,涉及的问题比较多,涉及的法律内容也比较多,如劳动合同、劳资关系、劳工权益保护、劳动纠纷的解决机制、社会保障等。因此,中国企业在"走出去"过程中,应该全面了解当地国与劳动问题相关的劳动法律体系。由于劳动法律体系较为复杂,中国企业在"走出去"过程中应该重点掌握两方面的内容,一是劳动法的渊源,二是劳动法律体系的主要内容。

由于各国立法体系不同,劳动法的渊源也存在较大差异。例如,一些国家的宪法是劳动法的主要渊源,在这种情况下,对宪法的理解和解释就显得非常重要。在一些联邦制国家,劳动法又分为联邦政府层面的劳动法和地方政府层面的劳动法,这两类法律体系规范的内容和适用范围也可能存在较大差异。而在另外一些国家,劳动法的渊源非常广泛,不仅仅局限于宪法,还包括一些基本法、法律实施细则、企业协议、劳资协议、集体谈判协议、劳动合同法甚至相关的司法判例。在一些法典化程度较为高的国家,《劳动法典》是劳动法的主要渊源,《劳动法典》不仅制订了劳动法领域的相关基本原则,还会制定具有可操作性的细节,以适应司法判决。面对劳动法渊源的巨大差异,中国企业在"走出去"过程中应该高度重视,仔细辨别,针对不同的情况分别采取不同的应对方法。

虽然各国劳动法的渊源存在很大差异,但是一般而言,一国劳动法律体系应该包括劳动合同,劳动关系,就业与培训,职业安全卫生,劳动标准,劳动纠纷解决机制和社会保障等相关内容。针对每一项内容,一些国家可能会单独立法,使得劳动问题的法律非常多。例如,美国劳动法相关的法律有《劳资关系法》《国家劳动关系法》《工资立法》《工时立法》《工伤事故法》《失业补偿法》《雇员退休收入保障法》《医疗保险法》等。当然,一些国家会采取法典化的做法,把这些涉及不同内容的法律整合到一部综合性的法典中来。无论采取何种做法,中国企业在"走出去"过程中都应该重视劳动法的具体内容,不能停留在抽象的原则方面,而应更加注重相关规定的可操作性细节问题。

3. 当地国劳工政策

中国企业在"走出去"过程中,应该高度重视当地国的劳工政策。劳工政策在劳资关系中发挥着重要作用。劳工政策主要是指一个国家在劳资关系方面采取的一系列的政策措施,具体内容包括促进就业、保护劳资关系平等、保护特殊群体劳动权利等。劳动政策对一个国家劳动立法的制度和内容有着决定性的影响。

为了更好地了解当地的劳工政策,应该从几个方面入手。首先,中国企业在"走出去"过程中,应该很好地了解当地国的经济发展水平和经济制度。经济发展水平和经济制度很大程度上会影响甚至决定劳工政策。相对而言,经济发达的国家和地区,会更加重视劳工权益的保障和维护,社会保障体系也更加完善,而劳工的权利意识和维权意识都非常强。而在发展中国家,政府为了摆脱贫穷落后的面貌,对劳工权益的保护程度可能要差一些,社会保障水平也相对较低。因此,经济发展水平和经济制度不同,劳工政策也存在较大差异。其次,中国企业在"走出去"过程中,应该很好地了解当地国的人口状况和就业情况。劳动力的数据、质量和人口的数量、质量、人口结构、年龄结构等因素密切相关。而劳动力的数据和质量又决定了就业人口的数量和质量,也会影响当地国的劳工政策。

如果当地国劳动人口数量巨大,经济发展不景气,失业率居高不下,社会压力较大,政府就会采取一系列鼓励就业的政策。相对而言,在这种情况下,当地国的劳工政策就会比较宽松,会鼓励企业雇用更多的当地员工。如果一个国家人口老龄化严重,出生率较低,人口呈现负增长的趋势,劳动人口短缺,政府就会鼓励移民,放宽移民政策,鼓励企业采取多种措施吸引更多的劳动力加入本国经济建设。

因此,中国企业在"走出去"的过程中,应该高度重视当地国与中国企业"走出去"密切相关的劳工政策。比如当地国就业促进政策和积极的就业政策,当地国促进公平就业和增加特殊困难群体就业的政策,及当地国外籍劳工政策。如果中国企业在"走出去"的过程中能处理好这些具体的劳工政策,就能更好地建立和谐高效的劳资关系,受到当地政府和劳工的欢迎。相反,如果这些具体劳工政策处理不当,会直接影响劳资关系,进而影响中国企业"走出去"的效果。

### 4. 劳工文化冲突问题

劳工问题除了涉及法律层面和政策层面的问题外,还会涉及劳工文化冲突的问题。一般而言,可以把劳工文化冲突划分为国家层面的劳动文化冲突和企业层面的劳工文化冲突。在中国企业"走出去"过程中,会面临当地国差异较大的文化环境,这些文化环境和经济制度、法律制度、政治制度密切相关。此外,由于语言不通,宗教信仰不同,价值观、世界观和生活习惯也差别很大,各种形式的文化冲击和冲突难以避免。因此,中国企业在"走出去"过程中,首先需要面对国家层面的劳动文化冲突问题。在这种情况下,中国企业应该多方收集信息,了解当地国的文化宗教习俗、经济法律政治制度、企业劳动习惯和文化。在充分了解相关信息的基础上,促进与当地国的沟通和交流。

同样,在企业层面,中国企业在"走出去"过程中也会遇到劳工文化冲突。企业文化是一种综合性的文化集合体,包括管理文化、经济文化及组织文化,是企业全体员工在长期生产经营活动中培育形成的并为全体员工普遍认可且共同遵循的最高价值观、基本信念、思维方式及行为规范的总和。企业文化和国家文化之间的关系非常密切,既相互影响,又相互包容,不断演化发展。但不可否认的是,企业文化更多地是在经营发展过程中,通过长期积累逐步发展起来的独特文化,具有一定的物质形态,其主要作用是规范企业的生产经营活动,也影响企业各个层面的员工的价值观、基本信念和思维方式。

一般而言,企业文化主要包含三个层面的问题。(朱征军,2008)第一层面是企业物质文化,该层面的文化主要通过物质形态表现出来,通俗地讲,就是那些能够看得见、摸得着的企业文化符号和内容,如企业形象、产品形象、员工形象等。第二层面的企业文化是企业制度文化,主要包括企业领导体制、企业组织机构和企业管理制度三个方面。第三个层面的企业文化是企业精神文化,体现企业的价值观、企业伦理、企业道德、企业哲学和企业精神等,这一层面的企业文化表现出的是企业的精神形态。中国企业在"走出去"过程中,劳工文化冲突也必然体现在这三个层面。只有更好地整合企业劳工文化,才能从根本上消除劳工文化冲突,减少劳动摩擦,降低劳工成本,建立和谐劳工关系,提高企业竞争力。

## 8.3.2 中国企业应对劳工风险的建议

在"走出去"的过程中,难免遇到各种形式的劳工风险,这些风险涉及劳工标准、劳工权利、劳工文化冲突等具体内容。在"走出去"的过程中,应该充分了解当地国的劳动法规、劳工政策和劳工文化,做到知己知彼,这样在处理劳工争议纠纷时才能游刃有余。与此同时,在"走出去"过程中,还应根据自身条件和行业发展趋势,主动获得 SA8000 认证,以提高企业竞争力,更好地防范劳工风险。

1. 了解当地国劳工标准、法规、政策和文化

在"走出去"过程中,应该充分利用各种资源和途径,了解当地国劳工标准、劳动法规、劳工政策和劳工文化。获得这些信息的途径和渠道很多,应该高度重视。第一个渠道是利用企业自身的知识储备和研究优势。企业在经营过程中,除了生产、销售、营销等工作内容外,更重要的一项工作是研究开发。企业研究和开发工作既包括对企业经营产品的研发,也包括对外部环境的认知和研究。中国企业在"走出去"过程中,尤其应该重视对外部环境的研究,其中劳工政策环境是一项重要内容。因此,有条件的企业应该首先通过自身的研发来更好地掌握当地国劳工标准、政策、法律和文化方面的各项知识。第二个渠道是充分利用外部专业咨询机构获得劳工标准政策方面的知识。随着竞争加剧和专业分工不断深化,很多专业咨

询机构在劳工知识储备和研究方面具有一定的优势。中国企业在"走出去"过程中，当面临自身知识和研发储备不够时，不应急于决策和盲目行动，而应在充分利用专业咨询机构所提供的专业服务的基础上，通过比较分析，充分掌握当地国劳工法律政策方面的知识后，再采取有效行动。中国企业在"走出去"过程中，当面临劳工问题纠纷时，也应该充分利用外部咨询机构化解风险，将损失降到最低。第三个渠道是充分利用其他先行者企业的经验教训，同时在实践中不断摸索和总结自身的经验教训。中国企业在"走出去"过程中，难免会遇到劳工方面的各种纠纷，在充分利用自身研发知识和外部专业咨询机构所提供服务的过程中，会发现很多知识和技能并非通过别人指导就能获得，而是必须亲自经历整个过程，动手逐一解决和处理各项问题。因此，中国企业在"走出去"过程中，更应该重视经验总结，把经过实践检验的知识整理提高，用以指导将来的"走出去"实践，这样的行动可能更加有效。

2. 积极参加 SA8000 认证

中国企业在"走出去"过程中，为了规避劳工风险，获得 SA8000 认证是一个很好的选择。不可否认，SA8000 认证体系具有双重属性。一方面，SA8000 认证体系是在发达国家主导下建立起来的，该认证体系必然对发达国家的贸易发展有诸多好处，特别是通过 SA8000 认证体系的建立，会增加发展中国家的劳工成本，进而弱化那些在劳动密集型产品中有竞争力的国家的贸易优势。另一方面，不可否认的是，SA8000 认证体系的建立对于推动发展中国家对劳工的保护、强化劳工权益、增强劳方谈判力等方面发挥了重要作用，对推动社会进步存在明显的积极效应。中国企业在"走出去"过程中，如果能够积极地参加 SA8000 认证体系，对建立和谐劳资关系、降低劳工风险具有重要意义。

目前，参加 SA8000 认证体系的企业越来越多，国家的分布越来越广泛，涉及的就业劳动人口也越来越巨大。根据相关统计，目前参加 SA8000 认证体系的国家 70 多个，涉及了 60 多个行业，参加认证的企业高达 3 388 万个，受到影响的劳动人口高达几千万。特别是在纺织、建筑、保洁服务、食品和服装等劳动力密集领域，参加 SA8000 认证体系的企业最多，位列行业排名的前 5 位。在中国和印度这些劳动密集型产品具有较强优势的国家，纺织业的认证比例非常高。之所以纺织业是国际贸易纠纷中的关键领域，是因为其是典型的劳动密集型行业，对劳动者要求高,而对资本的要求低,吸纳劳动力就业的能力强。为了消除贸易纠纷、减少劳工风险,发展中国家的劳动密集型行业参加 SA8000 认证体系是非常有必要的。

中国企业在走出去过程中,以及在和跨国公司签订贸易合同时,有关 SA8000 认证条款出现的频次越来越高。在中国东部沿海地区,很多企业获得了 SA8000 认证,因此能够获得长期的稳定的大量订单,企业竞争力逐步显现,优势地位越发明显。相反,一些没有获得 SA8000 认证的企业,虽然产品成本可能要低一些,但是长期的发展潜力会受到一定的影响。目前,中国大约有 600 多家企业获得了 SA8000 认证,行业分布主要集中鞋类、纺织、服装、化工等行业,地域分布主要集中在东南沿海经济发达省份。

在纺织和服装类劳动力密集型产品中,中国企业获得 SA8000 认证的比例最高。该认证比例虽然相较以前有较大进步,但是和一些竞争对手国家相比,还有一定的差距。例如,印度的服装纺织业也具有较强的竞争力,在国际市场上是中国企业强有力的竞争对手,但是印度获得 SA8000 认证的企业数量比中国高出了一倍多。由此可见,中国企业在服装纺织领域获得 SA8000 认证的成长空间还是非常大的。而中国企业在另外一些行业,诸如鞋类行业中,获得 SA8000 认证的企业较少,比例较低。而鞋类贸易是很多发达国家贸易纠纷的主要争议领域,因此这一问题值得关注。此外,中国企业在塑料制品、电子和加工领域获得 SA8000 认证的比例在稳步提高,发展势头较好。由此可见,中国企业在"走出去"的过程中,应该重视 SA8000 认证体系,积极获得 SA8000 认证,以更好地应对贸易纠纷,规避劳工风险。

# 参考文献

安宇光:《浅析德国移民政策》,《德国研究》2001年第4期。

北京市总工会劳动关系代表团:《关于美国工会及集体谈判工作的考察与思考》,《北京市工会干部学院学报》2005年第4期。

北京市总工会劳动关系观察团:《关于日本工会组织及劳资关系的考察报告》,《北京市工会干部学院学报》2011年第1期。

蔡菲菲、邱房贵:《中国与东盟国家建立统一劳工标准的必要性与可行性》,《经济与社会发展》2013年第2期。

曹婉莉:《战后德国劳资合作制度及其社会调控作用》,《绵阳师范学院学报》2005年第3期。

柴彬:《英国工业化时期的工资问题、劳资冲突与工资政策》,《兰州大学学报》(社会科学版)2013年第2期。

常凯:《WTO、劳工标准与劳工权益保障》,《中国社会科学》2001年第1期。

常凯:《劳动关系的集体化转型与政府劳工政策的完善》,《中国社会科学》2013年第6期。

常凯:《论海外派遣劳动者保护立法》,《中国劳动关系学院学报》2011年第1期。

陈融:《论集体劳资行动在美国的合法化进程及其启示》,《学术界》2014年第2期。

陈亚莹:《浅谈美国劳资集体协商制度》,《知识经济》2015年第9期。

陈雁:《日本合作式劳资关系对我国的启示》,《湖北财经高等专科学校学报》2008年第2期。

程延园、王甫希:《变革中的劳动关系研究:中国劳动争议的特点与趋向》,《经济理论与经济管理》2012 年第 8 期。

程永明:《"一带一路"与中国企业走出去——日本企业海外发展的启示》,《东北亚学刊》2015 年第 4 期。

笪志刚、綦婧:《中国企业"走出去"实践:面临风险、困惑与未来战略选择》,《对外经贸实务》2012 年第 10 期。

戴红军、王宇飞:《国内外制造企业管理模式的比较研究》,《河北工业大学学报》2010 年第 5 期。

单海玲:《我国境外公民保护机制的新思维》,《法商研究》2011 年第 5 期。

[德]帕特里西亚·舍勒著,姚燕译:《国际管理:中国—德语国家合作企业的协同》,中国社会科学出版社 1994 年版。

丁明胜:《日本劳动委员会劳资争议解决机制评析》,《北京政法职业学院学报》2009 年第 3 期。

董晓杰:《试论美国工会兴衰的原因——基于一种法团主义的视角》,《中国劳动关系学院学报》2014 年第 4 期。

樊增强:《中国企业对外直接投资:现状、问题与战略选择》,《中国流通经济》2015 年第 8 期。

范亚新:《用尽当地救济原则在国际投资争议解决中的适用》,中国政法大学硕士论文,2004 年。

冯同庆:《劳资关系理论考察——从对立到协调》,《江苏社会科学》2010 年第 3 期。

高爱娣:《国际劳工组织与中国的劳工政策比较》,《工会理论研究》(上海工会管理干部学院学报)2008 年第 2 期。

高冰、张杰:《浅析我国企业在跨国经营中的劳资问题风险及解决之道》,《经济问题探索》2010 年第 1 期。

高志强:《加拿大社会养老保险体系评析》,《天津社会保险》2008 年第 4 期。

郭瑞:《英国以集体谈判等方式化解劳资纠纷》,《经济参考报》2010 年 7 月 27 日。

过宣帆、刘宏松:《中国企业对非投资的政治经济学分析——以中国有色集团在赞比亚投资为例》,《安徽师范大学学报》(自然科学版)2013 年第 1 期。

韩春、陈元福、李晓鹏:《德国劳资共决制对中国建构和谐劳动关系的启示》,《学理论》2013 年第 21 期。

何佩琼:《我国海外并购中的劳动法律风险》,中国政法大学 2011 年硕士论文。

洪俊杰、黄薇、张蕙、陶攀:《中国企业走出去的理论解读》,《国际经济评论》2012 年第 4 期。

黄洁:《美国双边投资新规则及其对中国的启示——以 2012 年范本为视角》,《环球法律评论》2013 年第 4 期。

黄叶青、彭华民:《迁移与排斥:德国移民政策模式探析》,《欧洲研究》2010 年第 5 期。

黄英忠:《现代人力资源管理》,华泰书局 1994 年版。

贾晓盼:《试析外交保护制度的人本化转向》,《外交评论》2012 年第 1 期。

江清云:《中欧双边投资协定谈判的现状、问题与应对》,《德国研究》2014 年第 4 期。

姜俊禄:《"走出去"中国企业在全球化过程中的劳工法律风险统筹管理》,《中国律师》2015 年第 2 期。

金红梅:《日本劳资关系管理制度对我国的启示》,《社会科学家》2012 年第 9 期。

金晓玫:《论双边投资协定转移条款的完善:中国的视角》,中国海洋大学硕士论文,2013 年。

金永花:《韩国外籍劳工现状及雇佣许可制度分析》,《人口学刊》2009 年第 2 期。

金钟范:《韩国社会保障制度》,上海人民出版社 2011 年版。

柯姗姗:《非洲国家劳工标准及对在非中国企业的影响——以赞比亚为例》,浙江师范大学硕士学位论文,2011 年。

劳动关系与构建和谐社会问题研究课题组:《日本劳资关系调节机制对我国的启示》,《山东劳动保障》2006 年第 7 期。

黎友焕:《国际新趋势与中资企业的社会责任》,《国际经济合作》2014 年第 12 期。

李福生:《中国企业"走出去"面临的国家风险研究》,《拉丁美洲研究》2006 年第 6 期。

李福胜:《中国企业"走出去"面临的国家风险研究》,《拉丁美洲研究》2006 年第 6 期。

李海明:《坦桑尼亚和赞比亚基础设施建筑市场及投资环境分析》,《铁道工程学报》2005 年第 2 期。

李华锋:《英国工党与工会关系的起源和早期发展述论》,《聊城大学学报》(社会科学版)2009 年第 5 期。

李惠先、王嗣杰:《解析美国工会及其对中国企业的影响》,《对外经贸实务》2009 年第 9 期。

李建英:《美国工会组织的特点以及对我们的启示》,《医院院长论坛》2012 年第 6 期。

李丽、戚雅婷:《吉利并购沃尔沃后的整合战略分析》,《商》2015 年第 31 期。

李罗莎:《新时期中国企业加快"走出去"的途径与对策建议》,《全球化》2013 年第 5 期。

李娜:《当代国际核心劳工标准理论述评》,《西北大学学报(哲学社会科学版)》2009 年第 3 期。

李西霞:《自由贸易协定中劳工标准的发展态势》,《环球法律评论》2015 年第 1 期。

李贤祥:《信息不对称、市场结构和劳工标准移植》,浙江大学博士学位论文,2015 年。

李相文:《韩国的社会保障制度》,《中国社会科学院研究生院学报》1998 年第 1 期。

李向民、邱立成:《东道国劳资关系对 FDI 构成影响吗?——基于中国数据的经验分析》,《湖北经济学院学报》2010 年第 1 期。

李向民、任宇石:《FDI 自由流动条件下的劳资关系冲突与战略分析》,《世界经济与政治论坛》2007 年第 1 期。

李雪梦:《"走出去"人力资源管理战略的本土化用工研究——以中国有色集团为例》,《中国人力资源开发》2013 年第 15 期。

李子星:《关于德国工会及劳动关系现状的考察与思考》,《天津市工会管理干部学院学报》2005 年第 3 期。

梁斌:《二战以来英国劳资关系的变迁及启示》,天津商业大学硕士论文, 2011 年。

梁贵超:《海外中资企业劳工问题探析》,《文史博览(理论)》2012 年第 12 期。

梁岍然:《美国双边投资协定范本的劳工保护条款分析——兼论其对我国的影 响及我国之对策》,《河北法学》2014 年第 7 期。

廖明:《中美工会的比较研究》,《特区经济》2007 年第 12 期。

廖运凤:《中国企业海外并购案例分析》,企业管理出版社 2007 年版。

林芳竹、李孟刚、季自立著:《中国海外投资风险防控体系研究》,经济科学出版 社 2014 年版。

林建华:《英国工党和工会之间关系的演变及走势》,《河南师范大学学报(哲学 社会科学版)》1997 年第 4 期。

林晓黎:《人力资源尽职调查规避并购陷阱》,《中外管理》2009 年第 9 期。

琳达·狄更斯编著:《英国劳资关系调整机构的变迁》,北京大学出版社 2007 年版。

刘冰:《中国海外企业的社会责任战略刍议》,《人民论坛》2013 年第 29 期。

刘波:《国际贸易与国际劳工标准问题的历史演进及理论评析》,《现代法学》 2006 年第 3 期。

刘彩凤:《英国劳动关系的发展——工会、集体谈判与劳动争议处理》,《当代经 济研究》2010 年第 3 期。

刘成:《英国工会的起源与工党创建》,《英国研究》2014 年第 6 期。

刘诚:《论全球经济衰退背景下的工会关系》,《浙江大学学报》(人文社会科学 版)2011 年第 3 期。

刘冬梅:《论国际机制对中国社会保障制度与法律改革的影响——以联合国、 国际劳工组织和世界银行的影响为例》,《比较法研究》2011 年第 5 期。

刘芳雄、吴宗金:《国际投资中的企业社会责任:中国视角的思考》,《求索》2010 年第 10 期。

刘戈:《美国工会的兴衰路》,《工会博览》(下旬刊)2012 年第 12 期。

刘国华,张青枝:《论战后日本劳资关系的演变及其历史经验》,《科技和产业》

2011 年第 4 期。

刘金源:《对抗与合作:近代英国劳资关系的演进》,《光明日报》2013 年 9 月 12 日。

刘京华:《国际劳工标准问题的发展趋势及对我国的影响》,《亚太经济》2006 年第 1 期。

刘靖、王伊欢:《中国资本"走出去"的困境与出路》,《中国农业大学学报》(社会科学版)2014 年第 4 期。

刘钧:《风险管理概论》,清华大学出版社 2008 年版。

刘铁明:《韩国国民年金制度简介》,《保险职业学院学报》2004 年第 5 期。

刘文军、王祎:《国际劳工标准案例评析》,中国劳动社会保障出版社 2009 年版。

刘文:《日韩工会发展比较及启示》,《东北亚论坛》2012 年第 2 期。

刘晓倩:《日本劳动关系的调整变化与启示》,《生产力研究》2010 年第 2 期。

刘新立:《风险管理》(第二版),北京大学出版社 2015 年版。

刘旭:《国际劳工标准概述》,中国劳动社会保障出版社 2003 年版。

路虹:《开启中欧合作升级版》,国际商报网,http://intl.ce.cn/sjjj/qy/201311/26/t20131126_1808687.shtml。

路虹:《开启中欧合作升级版》,《国际商报网》,http://intl.ce.cn/sjjj/qy/201311/26/t20131126_1808687.shtml。

吕雅琴:《中国企业"走出去"过程中的国家风险问题及其规避》,《西安社会科学》(哲学社会科学版)2008 年第 1 期。

罗宁、李萍:《劳资关系研究的理论脉络与进展》,《当代财经》2011 年第 4 期。

马丙丽:《德国工会协调劳动关系机制借鉴及启示》,《北京市工会干部学院学报》2009 年第 1 期。

孟泉:《英国劳动制度改革及其对劳资争议处理的影响》,《中国劳动关系学院学报》2012 年第 2 期。

孟钟捷:《试析二战后德国工会联盟的构建》,《华东师范大学学报》(哲学社会科学版)2009 年第 6 期。

米鹏:《看中国企业国际并购面临的工会问题》,《经营管理者》2010 年第

20 期。

聂资鲁：《国际劳动立法与我国劳动法制的完善》，《财经理论与实践（双月刊）》2008 年第 154 期。

［挪威］马文·桑德拉著，刘一骝译：《风险评估：理论、方法与应用》，清华大学出版社 2013 年版。

潘泰萍：《德国的劳资协商与合作制度及其启示》，《中国组织人事报》2011 年10 月 14 日。

乔芳：《国际工程承包中的风险与控制》，《现代企业》2009 年第 12 期。

全总国际部：《发达国家工会组织结构的特点》，《中国工运》2001 年第 8 期。

任扶善：《世界劳动立法》，中国劳动出版社 1991 年版。

塞缪尔·亨廷顿：《变化社会中的政治秩序》，三联书店 1989 年版。

商务部、国家统计局、国家外汇管理局：《2013 年度中国对外直接投资统计公报》，http://fec.mofcom.gov.cn/article/tjsj/tjgb/201511/20151101190468.shtml，2014.09.09。

商务部、国家统计局、国家外汇管理局：《2014 年度中国对外直接投资统计公报》，中国统计出版社 2015 年版。

商务部、国家统计局、国家外汇管理局联合发布：《2013 年度中国对外直接投资统计公报》，http://fec.mofcom.gov.cn/article/tjsj/tjgb/201511/20151101190468.shtml.2014.09.09。

佘云霞：《国际劳工标准：演变与争议》，外交学院博士学位论文，2005 年。

佘云霞：《英国劳资关系的特征及演变——20 世纪 90 年代以来英国劳资关系的变化》，《工会理论与实践》2001 年第 4 期。

佘云霞：《自由贸易与劳工标准问题》，《广东社会科学》2009 年第 1 期。

沈根荣：《国际劳工标准问题及其最新发展》，《国际商务研究》2004 年第 3 期。

《首部〈中国对外承包工程行业社会责任指引〉正式发布》，中华人民共和国商务部网站，http://www.mofcom.gov.cn/aarticle/ae/ai/201209/20120908364916.html。

孙国平：《我国海外劳工法律保护之检视》，《时代法学》2013 年第 2 期。

孙洁、孙守纪：《非缴费型养老金计划及其减贫效果比较研究——美国和加拿大的比较分析》，《学习与实践》2013 年第 8 期。

孙星:《风险管理》,经济管理出版社 2007 年版。

孙正民:《韩国外籍劳务引进制度比较研究》,《国际经济合作》2010 年第 2 期。

汤健:《国际劳工标准相关问题探讨》,《商业时代》2010 年第 8 期。

田思路:《日本劳资集体谈判中"春斗"的发展与启示》,《温州大学学报》(社会科学版)2011 年第 6 期。

佟新:《"三资"企业劳资关系研究》,《学海》2005 年第 4 期。

汪玮敏:《双边投资协定中的劳工保护条款研究》,《国际经贸探索》2015 年第 4 期。

王碧淼:《从 SA 8000 到 ISO 26000 看社会责任标准的变化》,《宁夏大学学报》(人文社会科学版)2011 年第 2 期。

王大庆、焦建国:《劳资关系理论与西方发达国家的实践》,《经济研究参考》2003 年第 51 期。

王海澜、唐新元:《我国利用国际铁矿石资源的新途径:首钢收购与经营秘鲁铁矿公司的案例研究》,《国际商务研究》1995 年第 1 期。

王辉:《我国海外劳工权益保护探究》,《嘉应学院学报》(哲学社会科学版)2015 年第 4 期。

王家宠:《国际劳动公约概要》,中国劳动出版社 1991 年版。

王仁荣:《企业社会责任和中国企业海外并购》,《上海经济》2012 年第 2 期。

王茹:《中国企业"走出去"面临的风险及管控对策》,《经济研究参考》2012 年第 38 期。

王晓荣:《劳工标准水平与外商直接投资流入——基于国别数据的实证研究》,《中国工业经济》2006 年第 10 期。

王延中、魏岸岸:《国际双边合作与我国社会保障国际化》,《经济管理》2010 年第 1 期。

王益英:《外国劳动法与社会保障法》,中国人民大学出版社 2001 年版。

王珍宝:《德国工会的组织运作及其启示》,《工会理论研究》2013 年第 6 期。

魏浩、郭也:《中国制造业单位劳动力成本及其国际比较研究》,《统计研究》2013 年第 8 期。

魏立:《以劳动力供需关系为视角比较内地与香港特区的就业促进政策》,《湖北社会科学》2011 年第 1 期。

　　文月:《2014 年中国对外劳务合作发展述评》,《国际工程与劳务》2015 年第 3 期。

　　乌尔里希·贝克:《社会:通向一种新的现代化》,译林出版社 2004 年版。

　　吴芳芳:《国有中资企业在海外经营中的社会责任问题研究》,北京大学博士论文,2013 年。

　　吴宏洛,《经济全球化下的中国劳资关系研究》,福建师范大学博士论文,2009 年。

　　徐聪颖、刘金源:《集体谈判制与 19 世纪中后叶的英国劳资关系》,《探索与争鸣》2010 年第 9 期。

　　徐旻:《"走出去":企业需用社会责任融化海外坚冰》,《中国经贸》2011 年第 2 期。

　　徐志强、吴芳:《德国劳资共决制度立法及对我国建构和谐劳动关系的启示》,《中国劳动》2015 年第 8 期。

　　许立帆:《中国企业"走出去"新的战略机遇》,《国际积极合作》2014 年第 12 期。

　　许思佳:《21 世纪初中国海外劳工安全问题探析》,外交学院硕士学位论文,2008 年。

　　杨波、魏馨:《中国企业海外并购的困境与对策》,《宏观经济研究》2013 年第 6 期。

　　杨海涛:《德国工会发展的历史考察》,《中国劳动关系学院学报》2007 年第 3 期。

　　姚玲珍:《德国社会保障制度》,上海人民出版社 2011 年版。

　　姚梅镇:《国际投资法武汉》,武汉大学出版社 2005 年版。

　　叶璐:《新外交视域下我国社会保险国际合作的发展路径》,《湖北经济学院学报》2015 年第 7 期。

　　殷敏:《外交保护与领事保护的比较研究》,《国际商务研究》2008 年第 4 期。

　　于萌:《赞比亚中资煤矿遭袭　数百人见中国人就打》,《21 世纪经济报道》,http://gz.ifeng.com/jingjiquan/yaowen/detail_2012_08/07/279461_0.shtml。

袁庆宏：《中国企业跨国并购中的劳资关系问题——上汽双龙公司在韩工厂罢工风波引发的思考》，《中国人力资源开发》2007年第3期。

袁帅：《国际劳工组织对"劳工权利"的界定问题——以自由结社权和集体谈判权为例》，《当代法学》2011年第1期。

岳伟、邢来顺：《联邦德国劳资共决制的形成及影响》，《安徽师范大学学报》（人文社会科学版）2011年第6期。

张贾、吴冀：《日本劳资关系现状和劳动法制建设情况》，《环球工运》2008年第10期。

张荣芳：《美国劳资争议处理制度及其借鉴》，《法学评论》2004年第1期。

张世鹏：《当代西欧工人阶级》，北京大学出版社2001年版。

张伟华：《国际并购交易劳动风险的防控武器》，《法人》2015年第4期。

张哲：《"应改善海外中国公民形象"——专访外交部领事司司长魏苇》，《南方周末》2010-01-28(B11)。

张哲：《"应改善海外中国公民形象"——专访外交部领事司司长魏苇》，《南方周末》2010年1月28日(B11)。

章蕾：《美国工会的衰退成因及其发展对策研究》，《中国劳动关系学院学报》2010年第5期。

赵继萍：《中日美企业管理思想的文化分析》，《山西财经大学学报》2002年第S2期。

赵钧等：《"走出去"——中国企业的全球责任》，《WTO经济导刊》2012年第11期。

赵钧、杜娟、蒋安丽、李长海、赵丽芳：《"走出去"——中国企业的全球责任》，《WTO经济导刊》2012年第11期。

赵曙明、赵薇：《美、德、日劳资关系管理比较研究》，《外国经济与管理》2006年第1期。

赵小仕：《劳动关系中的双向道德风险》，《财经科学》2009年第4期。

赵小仕、李雨晴：《国际劳工标准与认证》，中国劳动社会保障出版社2014年版。

赵祖平：《英国劳资关系中的工人参与权对中国构建和谐劳动关系的启示》，

《中共福建省委党校学报》2010 年第 12 期。

郑钢:《积极实施"走出去"战略,促进我国技术进步》,《经济导刊》2008 年第 1 期。

郑杰:《战后日本工会的发展历程》,《现代经济信息》2009 年第 11 期。

郑明华:《美国工会组织及劳动关系的研究及思考(上)》,《工友》2014 年第 2 期。

郑桥:《没有工会,市场经济就不能正常运作》,《时代风采》2008 年第 7 期。

郑桥:《日本与德国的工会模式》,《商务周刊》2007 年第 8 期。

中国出口信用保险公司资信评估中心:《中国企业境外投资和对外承包工程风险管控及案例分析》,中国经济出版社 2015 年版。

中国商务部、中国国家统计局、中国国家外汇管理局:《2014 年度中国对外直接投资统计公报》,中国统计出版社 2015 年版。

钟懿辉、赵鑫全:《我国企业"走出去"需加强劳资关系管理》,《中国劳动关系学院学报》2009 年第 6 期。

周长城:《西方劳资关系研究的基本问题》,《学术研究》1997 年第 5 期。

周剑云:《略论美国劳资关系管理模式的演变》,《烟台大学学报》(哲学社会科学版)2007 年第 2 期。

周剑云:《试论美国劳资集体谈判的确立——1935 年〈瓦格纳法〉的缘起》,《世界历史》2009 年第 4 期。

周鹏:《发展中国家劳工标准的演进路径——对"社会倾销"指责的一种经济学解析》,《经济研究》2004 年第 10 期。

周霞、王朝晖:《论跨国并购中合作型劳资关系的构建》,《特区经济》2011 年第 8 期。

周贤奇:《德国劳动、社会保障制度及有关争议案件的处理》,《中外法学》1998 年第 4 期。

周余祥:《卡尔文·柯立芝政府时期美国劳资关系研究》,华东师范大学博士论文,2013 年。

周志成:《美国劳工运动的衍变》,《复旦学报》(社会科学版)1992 年第 6 期。

周忠海:《海外投资的外交保护》,《政法论坛(中国政法大学学报)》2007 年第

3 期。

朱廷君:《劳工标准问题多边化进程、争论及应对》,《当代亚太》2003 年第4 期。

朱征军:《中国企业海外并购中的劳工问题探议》,山东大学硕士学位论文,2008 年。

《走出去企业处理劳资关系十大原则》,http://www. tisino. com/cn/investmentguide/20141202/MTQXNZUWODYZMDM.html。

Bates Gill and James Reilly, "The Tenuous Hold of China Inc. in Africa", *The Washington Quarterly*, Volume 30, Issue 3, Summer, 2007.

BLS, http://www.bls.gov/news.release/union2.nr0.htm/2014-01-24.

Bognanno, M.F., Keane, M.P., Yang, D., The Influence of Wagesand Industrial Relations Environments on the Production Lo-cation Decisions of US Multinational Corporations, *Industrial and Labour Relations Review*, 2005,(58).

Cunnison, J., *Labor Organizations*, Sirl.Pitman & Sons, 1930.

Daniel Quinn Mills, "Labor Management relation", New York: Mc Graw-Hill Book Company, 1978.

Gernigon, B.A., Odero, H.Guido: "Collective Bargaining: ILO Standards and the Principles of the Supervisorybodies", *Geneva, Switzerland: International Labour Organization*, 2000a.

International Confederation of Free Trade Unions, Multinational Enterprises, https://en.wikipedia.org/wiki/International_Confederation_of_Free_Trade_Unions.

International Labour Organization, *Global Wage Report 2014/15: Wages and Income Inequality*, Geneva: ILO, 2015.

International Labour Organization, *Global Wage Report 2014/15: Wages and Income Inequality*, Geneva: ILO, 2015.

International Labour Organization, *World Employment and Social Outlook:Trends 2015*, Geneva: ILO, 2015.

International Labour Organization, *World Employment Social Outlook: The Changing Nature of Jobs*, Geneva: ILO, 2015.

Jeff Hilget, Mapping the Boundaries of Human Rights at Work: Questioning How the ILO Defines Labor Rights and Social Justice, *Labor Studies Journal*, 2009,(34).

Jose Allouche, "Corporate Social Responsibility(Volume 1): Concepts", *Accountability and Reporting*, *Palgrave Macmillan*, 2006.

Jose Allouche: "Corporate Social Responsibility(Volume 1): Concepts", Accountability and Reporting, Palgrave Macmillan, 2006, pp.105—113.

Oliver Clarke: "European Labor Unions", *Industrial and Labor Relations Review*, July 1994, 47(4).

Piero Foresti, Laura de Carli and others v. Republic of South Africa(ICSID Case No. ARB(AF)/07/1).

Roberts, H.S., "Roberts Dictionary of Industrial Relations", Washinggton D.C.: The Bureau of Nation Affairs.

Sergei Paushok, CJSC Golden East Company and CJSC Vostokneftegaz Company v. The Government of Mongolia, UNCITRAL.

Simon, J. D., *Political Risk Assessment: Past Trends and Future Prospects*, Columbia Journal of World Business, 1982.

Van de Vall, M., *Labor Organizations*, University Press, 2010.

Wolfgang Uellenberg-van Dawen, Gewerkschaften in Deutchlandvon 1948 bisheute, EinUeberblick, Muenchen: Olzog, 1997, 23.

**图书在版编目(CIP)数据**

中国企业"走出去"劳资关系风险防范研究/王国
军等编著.—上海:格致出版社:上海人民出版社,
2017.6
(自贸区研究系列)
ISBN 978 - 7 - 5432 - 2746 - 0

Ⅰ.①中…　Ⅱ.①王…　Ⅲ.①企业-对外投资-研究-
中国②企业-劳资关系-风险管理-研究-中国　Ⅳ.
①F279.23

中国版本图书馆 CIP 数据核字(2017)第 069825 号

责任编辑　彭　琳
装帧设计　路　静

自贸区研究系列

## 中国企业"走出去"劳资关系风险防范研究
王国军　孙守纪　等编著

| 出　版 | 世纪出版股份有限公司　格致出版社 | 印　刷 | 苏州望电印刷有限公司 |
|---|---|---|---|
| | 世纪出版集团　上海人民出版社 | 开　本 | 787×1092　1/16 |
| | (200001　上海福建中路 193 号　www.ewen.co) | 印　张 | 11.5 |
| |  编辑部热线　021-63914988 | 插　页 | 3 |
| | 市场部热线　021-63914081 | 字　数 | 184,000 |
| | www.hibooks.cn | 版　次 | 2017 年 6 月第 1 版 |
| 发　行 | 上海世纪出版股份有限公司发行中心 | 印　次 | 2017 年 6 月第 1 次印刷 |

ISBN 978 - 7 - 5432 - 2746 - 0/F · 1023　　　　　　　　　　　　　定价:42.00 元